Skizzen

aus

dem Entwicklungsgang und den Erlebnissen

Dr. Johann Caspar Beeg's

kgl. Gewerbs-Commissär in Nürnberg.

Nürnberg.
Verlag von Jacob Zeiser.
1867.

Druck von Fr. Campe & Sohn.

Mit dem am 26. Januar d. Js. erfolgten Tod des k. Gewerbs-Commissärs Dr. Beeg in Nürnberg hat nicht nur Bayern, ja ganz Deutschland, eine sehr bedeutende Kraft im Bereich des Gewerbs-wesens verloren, sondern es hat sich damit ein ungewöhnlich reiches, interessantes, edles Leben abgeschlossen.

Wem vielfache Gelegenheit geboten war, in die innersten Falten des trefflichen Herzens dieses Mannes zu schauen, der hat darin nie ein Falsch gefunden, nur das lautere Gold uneigennütziger Menschen-liebe und Hingabe an Alles, was echt und rein, seines eigenen Wesens würdig war.

Beeg wurde am 8. Oktober 1809 zu Nürnberg geboren. Seine Eltern waren damals im Besitze einer Seifensiederei in der sogenann-ten Pfannenschmiedsgasse. Verschiedene Umstände nöthigten jedoch zum Verkauf dieses Geschäfts, und es wurde dadurch die Lage der Familie eine äußerst bedrängte und sorgenvolle, was besonders auf der liebenswürdigen, sanften Mutter, von den Kindern oftmals so ge-schildert, schwer gelastet haben mag.

Wie innig Beeg seine Mutter liebte, wie er schon im frühen Kindesalter mit sorglicher Seele der Bekümmerten in das schmerzlich-bewegte Antlitz blickte, erkennen wir mit Rührung aus der, einst von ihm selbst mit der Absicht niedergeschriebenen Begebenheit, seinem zärt-lichst geliebten Erstgebornen frühe schon einen Einblick in die wunder-baren Führungen des Herrn zu geben und ihn zum muthigen Gott-vertrauen im späteren Leben zu kräftigen.

Geschrieben am 18. November 1854.

Ich mochte 8 oder 9 Jahre alt sein, da brannte das Gasthaus zum Storch in der innern Laufergasse ab. Es war im Sommer, ge-gen Abend; ich war mit andern Jungen auf der Straße, dem dama-ligen Schießgraben, der jetzigen Grübelsstraße. Die feurige Lohe schlug links von uns hoch in den blauen Himmel hinauf, von einem schwar-zen Rauchkamm überkräuselt, der weit umher und rings um uns feurige Funken regnete. Die ganze Luft war verpestet, denn wie ich mich erinnere, sollen böhmische Fuhrleute auf den Böden des brennenden Hauses viele Ballen mit Bettfedern liegen gehabt haben. Das Haus brannte bis zum Grunde aus; ich sah es andern Tages, und der Anblick der geborstenen, geschwärzten Steinmauer mit den unförmlichen Fensteröffnungen, und der qualmende Dampf der durch diese hoch aus den 4 Ringmauern unaufhörlich emporstieg, wird mir unvergeßlich bleiben*). Mein Vater, der überall, wo es ein rettendes Wagen galt, an der Spitze war, hatte auch bei diesem Brande wieder sich wacker angestrengt; ich weiß, daß davon die Rede war, er habe sich Haare und Augenbrauen versengt, die Kleider angebrannt, einen Menschen unter dem schon brennenden Dache, in den losen Federn liegend, mit einer Tabakspfeife an der Seite, gefunden, aber einen durchlaufenden Faden für die Geschichte hat mir mein Gedächtniß nicht bewahrt.

Am Christabend nach diesem Brande saßen wir in unserer erkalteten, ärmlichen Stube traurig zusammen. Wir wohnten bazumal auf dem Stelzenbuk, einer buckeligen Seitenstraße in der Nähe des Schießgrabens. Gerade in jener Weihnachtszeit ging es uns besonders hart. Meine liebe, gute Mutter, — Gott habe sie selig! — was mag sie an jenem Christabend gefühlt haben, daß ihre Thränen so reichlich flossen? Es läßt sich leicht errathen. In andern Häusern war das Christkind mit seinen Freuden eingekehrt, der geputzte Christbaum flammte selbst in unserer Nachbarschaft. Wir aber, mein jüngerer Bruder und ich, — meine Schwester war damals noch nicht geboren — wir hatten keine Ahnung von all diesen Herrlichkeiten. Wie wir nun so still um unser Oellämpchen herum saßen, die Mutter leise vor sich hinweinend, da klopfte es auf einmal an den geschlossenen Fensterladen. Wer konnte das sein? Gewiß ein Irrthum; zu uns konnte Niemand wollen, wir hatten ja keine Freunde, wir waren einsam und abgeschlossen, wie auf öder Insel mitten in der leutevollen Stadt. Wer ist draußen? fragte die Mutter horchend. Wohnt hier der Herr Beeg? scholl eine Frauenstimme vor dem Laden. Man wollte doch zu uns, das Erstaunen wuchs, was konnte die Ursache dieses Abendbesuches sein? Zögernd, furchtsam öffnete die Mutter

---

*) Das Haus, welches Beeg zwei Jahre lang bewohnte, in welchem er starb, und vor dem sich zu seiner Leichenbegleitung die Theilnehmer in solchen Massen sammelten — war dasselbe, was früher der Storch gewesen — wie er seiner Familie zu oftenmalen erzählte.

die Thüre. Da trat eine stattliche Dienstmagd herein, mit einem großen Hänkelkorb am Arme, den sie auf den Tisch stellte. „Eine Empfehlung von Herrn und Frau Wiesner", sagte sie — ihre Worte sind mir unvergeßlich — „der Herr Beeg hat sich bei dem Brande so viel Mühe gegeben, daß sie ihm ihren Dank ausdrücken wollten; in der ersten Zeit nach dem Brande haben sie nicht dazu kommen können, nun haben sie bis Weihnachten warten wollen, und schicken hier ein kleines Christgeschenk als ein Zeichen ihrer Erkenntlichkeit". Und nun fing sie an, aus ihrem weidengeflochtenen Füllhorn auszupacken, einen stattlichen Kalbschlegel, ein großes duftendes Weihnachtsbrod, Päckchen mit Reis, Zucker und Kaffee — für uns Kinder Lebkuchen, Aepfel und Nüsse ... Und wie sie gekommen, so war sie schnell fort; es könnte eben so gut ein Engel vom Himmel, als die Dienstmagd des Storchwirthes gewesen sein. Uns war sie ein Engel des Herrn, ein Freudenbote! Wir hatten nun für die heilige Festzeit, und vielleicht eine Woche noch, mehr als unser Herz begehrte. Welches Glück! Die Freudenthränen meiner theuren Mutter bezeugten es ...

Nach dem bald darauf erfolgten Tode der vielgeprüften Mutter wurde die einzige, damals kaum 3 Jahre zählende und von ihm auf's zarteste behütete und gepflegte Schwester Beeg's, Kunigunde, einer wohlhabenden Verwandten zur Erziehung übergeben, was jedoch der innigen Beziehung der Geschwister zu einander keinen Eintrag that, bis, in späterer Zeit, dieser, noch jetzt lebenden Schwester die Freude ward, nach Beeg's Anstellung in Fürth, ein paar Jahre mit dem geliebten Bruder zusammen zu wohnen und ihm zum erstenmal in seinem vielbewegten Leben ein trauliches, in hohem Grade ansprechendes Daheim zu schaffen, dessen enge Dimensionen auch für liebenswürdige Gastfreundschaft gelegentlich noch Raum boten. Die Knaben, J. C. Beeg und sein jüngerer Bruder, blieben beim Vater, der erfinderisch und begabt, bald in dieser, bald in jener Weise den nöthigen Unterhalt für sich und die Seinigen zu erwerben suchte. Dies war nicht selten erheblichen Schwierigkeiten unterworfen. Vater Beeg war ein rascher Mann; ein Kupferdruckgeschäft gab er plötzlich deshalb auf, weil der zurückschnellende Arm der Presse ihn empfindlich verletzte, was die Zerstörung der Presse und — wie gesagt, des ganzen Geschäfts zur Folge hatte. Er war aber wegen eines neuen Gewerbsbetriebs nicht verlegen; er wurde Verfertiger militärischer Mützen und hatte damit längere Zeit nicht geringen Erfolg. Bei solch einer schwankenden Thätigkeit waren die Früchte natürlich gleicher Art, und so kamen Zeiten, wo, im ausgedehntesten Sinne des Worts, Schmalhans Küchenmeister war. Da geschah es denn, daß Vater Beeg, wenn er am frühen Morgen seinem Beruf nachging, seinen beiden Söhnen einige wenige Kreuzer auf ein Blechöfelein hinterlegte, womit sie die Bedürfnisse des Tages zu befriedigen hatten. Aber die Noth war, wie so oft, auch hier die Mutter großer Tugenden. Die reichbegabten Knaben wußten aus beengenden Verhältnissen nur um so mehr Gewinn zu ziehen. Da das von ihnen bewohnte Stübchen nur selten geheizt oder beleuchtet war, stiegen dieselben häufig des Abends und Nachts auf das Dach, um im Mondschein lesen zu können, oder sie legten sich im Winter, der Kälte wegen, sehr zeitig zu Bett, erwachten dann am frühesten Morgen und lieferten nun ihre Aufgaben zu prosaischen Aufsätzen in Versen, die später niedergeschrieben und theilweise von dem Schreiber dieses mit Staunen gelesen wurden. Beide Knaben hatten dichterisches Talent. Der Verstorbene besaß es in hohem Grade und übte es mit solcher Leichtigkeit, daß er später damit häufig große Kreise seiner Freunde und Verehrer zu erfreuen vermochte. Auch der Bruder dichtete, und als ihn einmal, während der Herbstmesse 1826, ein fremder Kaufmann um einen kleinen Dienst ersuchte, dann aber sich eingehend nach seinen Kenntnissen und Familienverhältnissen erkundigte, gab der Knabe seine Antwort in Versen, welche den Fremden so für ihn gewannen, daß er ihn mit nach Sachsen in die Lehre nahm und so dessen spätern Beruf als Kaufmann anbahnte.

Von mächtigem Wissenstrieb bewegt, ersparten die lernbegierigen Knaben noch Einiges von ihren sehr geringen Taggeldern und erkauften auf dem Nürnberger Trödelmarkt gar mancherlei Bücher, welche durchgelesen, dem seltenen Gedächtniß einverleibt und dann wieder mit andern, zu neuer Verarbeitung vertauscht wurden. Uebrigens verdienten die Knaben auch einiges Geld; sie colorirten Bilderbögen und konnten mit ihrem Erlös sogar dem Haushalt nachhelfen und einmal den Geburtstag des Vaters durch ein nützliches Geschenk verherrlichen. So erschien der Schuljahrsschluß von 1823 und die damit verknüpfte Prüfung, damals im Rathhaussaale zu Nürnberg. Unser Beeg, dessen Kleidung in so verbrauchtem Zustande war, daß er damit nach seiner, wohl sehr begründeten Meinung, nicht öffentlich erscheinen konnte, bat den Vater dringend um eine Erneuerung derselben, die endlich mit eigner Hand auf originelle Weise zusammengestellt wurde, wie in noch vorhandenen meisterhaften Federzeichnungen, einer Autobiographie der seltensten Art, zu sehen ist.

So angethan ging es zur Prüfung, und diese hatte, Beeg anlangend, ein so eminentes Ergebniß, daß die allgemeine Theilnahme der Anwesenden sich dem ausgezeichneten Knaben zuwandte und schließlich der damalige Magistratsrath Dr. Campe, nach eingezogenen Erkundigungen über die Lage Beeg's, den eminenten Schüler umarmte und angesichts der großen Versammlung erklärte, dieser Knabe müsse fortan ein Sohn der Stadt Nürnberg, von ihr gepflegt und gehoben sein. Ein prophetisches Wort, wie sich besonders in Beeg's letzten Lebensjahren und zuletzt noch auf ergreifende Weise bei der Art gezeigt hat, wie die Nachricht von seinem Tode wirkte, und wie ganz Nürnberg in gemeinsamer Trauer vereint schien, ihm die letzte Ehre zu erweisen. Dr. Campe wußte es auch dahin zu bringen, daß gleich damals sein so feierlich ausgesprochenes Wort sich erfüllte. Der Magistrat setzte für Beeg's Unterricht und Unterhalt, bis zu dessen Eintritt in das Schullehrerseminar, eine gewisse Summe aus und übergab den Knaben dem damaligen tüchtigen Lehrer an der Armenschule bei St. Sebald, Hartmann. Der Aufenthalt in dessen Hause war für Beeg von bedeutendem Einflusse. Hartmann war neben aller, seiner Zeit eignen Strenge in der Erziehung, doch ein wahrer Menschenfreund, und dessen Schwester Elisabeth die treue Pflegerin der ihrem Bruder anvertrauten Knaben. Unter diesen wurde dem Entschlafenen die ganz besondere Sorgfalt der Hartmann'schen Geschwister zugewendet, um nicht nur durch Unterricht, sondern auch in der Erziehung, die im väterlichen Hause gefehlt hatte, fördernd auf den Knaben einzuwirken. Wie sehr Hartmann dies gelang, hat sich neben Beeg auch an dessen Mitschülern, den beiden Malern Trost, Buchhändler Stettner in Lindau, Buchhändler Rösch in Temeswar, die alle vom Hause aus arm und hülfsbedürftig waren, gezeigt.

Beeg hatte in Folge lang andauernden Aufenthaltes in ungeheizten Lokalitäten und dadurch, daß er in äußerster Pflichttreue, um die frühe Stunde für Heizung des Armen-Schul-Ofens nicht zu versäumen, häufig im Schürloch übernachtete, seine Extremitäten an Wangen, Händen und Füßen erfroren, von welchem Uebel er erst im Seminar zu Altdorf, durch den damaligen Professor Dr. v. Fabrice, geheilt wurde, während sein Bruder, jetzt angesehener Kaufmann in Frankfurt, noch heute an dem gleichen Uebel laborirt.

Nach erreichtem 17. Lebensjahre machte Beeg die Aufnahmsprüfung in Altdorf, im Jahre 1826, mit. Die Zahl der Aspiranten war damals eine sehr große, weil nach Altdorf (zu der Zeit noch der Ort des einzigen protestantischen Schullehrerseminars in Bayern diesseits des Rheins) aus allen Kreisen junge Leute zur Aufnahme in das Seminar eilten. Der damalige II. Inspektor G., nachmals Stadtpfarrer ꝛc. in Ansbach, gab unter Anderm in der Geographie als leichte Aufgabe die Frage nach der Kreiseintheilung, sowie den wichtigsten Städten und Flüssen Bayerns. Beeg erledigte diese Aufgabe mit einer Einleitung, in welcher er über die Grenzverhältnisse des Landes in so trefflicher Weise, stylistisch und orthographisch vollkommen korrekt, sich aussprach, daß der Examinator, in höchster Verwunderung über diese Arbeit, zu dem anwesenden Prüfungscommissär eilte und ihm dieselbe mit den Worten überreichte: „Da hat sich Einer zu uns verirrt, der gehört nicht hierher," um damit anzudeuten, daß solch eminenter, geistiger Kraft ein größeres Uebungsfeld geboten werden sollte, als das Seminar es der Natur der Sache nach sein konnte, — von dem Herrn Commissär aber mit den Worten zurückgewiesen wurde: „ja, sollen wir denn keine vorzüglichen Schullehrer haben?" So wurde Beeg, obwohl der jüngste unter seinen Genossen, aufgenommen, während 80—90 Präparanden den Laufpaß erhielten. Ein Schüler seines gleichen hat wohl nicht wieder eine derartige Anstalt Bayerns geziert.

Aeußerlich hager, fast verkümmert und knabenhaft aussehend, nur durch die schönen, sprechenden Augen seine spätere Bedeutung verrathend, zeigte sich in der jetzt noch so unscheinbaren, später überall hervorragenden Gestalt alsbald eine Fülle von Talent. Beeg schrieb eine einzig schöne Hand; er hatte ein so außerordentliches Zeichnentalent, daß etliche Jahre später der rasch enthusiasmirte Professor Heideloff beim Anblick seiner Zeichnungen ausrief: „Gott, wer ist der Mensch, der das gemacht hat? Der kann's hundertmal besser als ich; den schicken wir nach Portugal, wo Kirchen gebaut werden sollen und wo sie mich haben wollen!" und der bekannte Professor Magnus (Hofmaler in Berlin) sprach beim Anblick einiger kleinen Federzeichnungen Beeg's wiederholt den innigen Wunsch aus, nur Einmal im Leben die Hand zu drücken, die „solches Leben" und in so einziger Korrektheit auf jeden zufälligen Streifen Papier zu zaubern verstand.

Die Stimme Beeg's, damals noch ein hoher, köstlicher Sopran, war so rein, klangreich und stark, daß sie in der Stadtkirche zu Altdorf, sowie später in der evangelischen Kirche zu München, wo Beeg einen Chor leitete, der Gemeinde hohes Entzücken gewährte.

Als ihn die Seminarinspektoren zum erstenmal katechisiren ließen, äußerten sie gegen einander: von dem können wir selber lernen! Es blieb auch dabei! Beeg wurde als Musterlehrer für seine Mitschüler aufgestellt, und ob auch der jüngste unter ihnen, beugten sich doch alle vor dem Uebergewicht seines Geistes, das gerade beim Katechisiren in der seltnen Gewandtheit des Ausdrucks, im strengen Festhalten des Zusammenhangs, in der Leichtigkeit der Wendungen, um selbst aus den fehlerhaften Antworten das entferntest Brauchbare herauszuziehen, glänzend hervortrat. Nach Beendigung des zweijährigen Seminarkursus behielten die damaligen Inspektoren ihren geliebten Schüler noch einige Zeit, auf eigenes Risiko, bei sich und benützten ihn als Hülfslehrer, dergleichen es damals nicht, wie jetzt, vorschriftsmäßig gab. Im Jahre 1830 übernahm Beeg für kurze Zeit die Verwesung einer deutschen Schule in Nürnberg und wurde dann von dem damaligen Oberconsistorialrath Dr. Faber, der in München eine höhere Töchterschule gegründet hatte, als Lehrer an dieselbe gerufen. Diese Berufung war für den ferneren Lebensgang Beeg's von entscheidender Wichtigkeit. Durch den Unterricht von Töchtern aus den angesehensten Familien wurde er in viele Familien seiner Pfleglinge eingeführt und dadurch in jeder Weise gefördert. Eine ganz besonders freundliche Stätte fand er im Hause des noch lebenden Staatsraths v. Maurer, der, damals zum Mitglied der Regentschaft in Griechenland erkoren, Beeg alsbald veranlaßte, ihm dahin zu folgen, und ein Dekret auswirkte, welches denselben als Schul- und Seminarinspektor von Griechenland, mit einem Gehalte von 1600 Drachmen jährlich, ernannte, wo sich jedoch seine Thätigkeit auf die Leitung einer Militärschule beschränkte. Beeg ergriff die Aufforderung seines hohen Gönners mit Freuden und machte sich im Jahre 1834 auf die Reise. Von seinen Erlebnissen auf dieser Reise von München bis Venedig schreibt er seinem väterlichen Freunde G. am 4. Mai 1834 wie folgt:

Venedig, 4. Mai 1834.

Soeben hat es 12 Uhr Nachts geschlagen und noch ist reges Leben unter meinen Fenstern. Mein Gasthaus richtet seine Façade gegen den Markusplatz und die Piazetta, auch habe ich zugleich die Aussicht auf den Molo, die Lagunen mit ihren Schiffen und in weiter Ferne das Meer. Die Läden sind noch nicht geschlossen und Wasserverkäufer, Sorbettihändler, Pomeranzenhändler 2c. verscheuchen durch ihr gellendes Geschrei den Schlaf, den ich ohnehin immer suchen muß. Ich wollte, Sie könnten nur 10 Minuten die Aussicht von meinem Zimmer aus genießen, Sie würden staunen. Obgleich ich aber erst 3 Tage hier bin, so bin ich doch schon Alles gewohnt. Jede nur einigermaßen gute Reisebeschreibung hat so viel über Venedig berichtet, daß ich füglich eine nähere Schilderung unterlassen kann. Was ich in Büchern nicht bemerkt, oder nur angedeutet gefunden habe, ist größtentheils von der Art, daß es nicht beschrieben werden kann, sondern mit eigenen Augen gesehen, mit eigenen Ohren gehört werden muß. Hiezu gehört namentlich das außerordentlich Auffallende in Physiognomie und Kleidung, besonders bei den Schiffern; dieses Treiben durcheinander, das Ausrufen der Waaren 2c., die große Faulheit der Leute und doch wieder auf der andern Seite ihre große Industrie; einige Beispiele werden erläutern, was ich meine. Ich werfe ein Stückchen Cigarre, das zu kurz ist, weitergeraucht zu werden, weg; gleich ist ein Stiefelputzer, ein Schiffer da, hebt es auf und grinzt mich freundlich an; läßt man eine Pomeranzenschale, ein Stückchen Papier 2c. fallen, augenblicklich ist es aufgehoben, von einem Mist- oder Lumpensammler. Ich steige in eine Gondel, da steht an der Treppe, die zum Wasser führt, ein einarmiger oder halb blinder Bettler mit einem Stock in der Hand, der oben mit einem Nagel versehen ist, vermittelst dessen er die Gondel näher an's Ufer zieht, und hält seinen Hut auf. Der Stiefelputzer bemächtigt sich meiner mit freundlicher Gewalt und putzt den Stiefel, — wie er sagt — daß man den Spiegel erspart. — Man mag den Leuten geben, was man will, so sind sie anfangs nicht zufrieden, zucken mit den Achseln 2c.; sehen sie aber, daß nichts weiter zu machen ist, so sind sie äußerst freundlich und höflich. Bis man diese letzte Erfahrung macht, muß manches Lehrgeld gegeben werden, welches ich denn auch ordentlich entrichtet habe. — Hunde und Katzen wenig; Pferde, Ochsen, Esel 2c. gar nicht; auch keine Sperlinge, aber viele Tauben; die Fußböden in allen Zimmern gepflastert; keine Oefen. Ein Bett für eine Person ist wenigstens 7—8 Fuß lang, 6 Fuß breit und 4—5 Fuß hoch, so daß man ein geschickter Voltigeur sein muß, um ohne Stuhl hinein zu kommen. Wein gut, Bier schlecht, Kaffee wohlfeil, aber ganz anders gekocht als bei uns. Heute habe ich einem Improvisator auf der Riva di Sciavonni zugehört; überall Marionettentheater, Lärm und Geschrei. Die Handwerker arbeiten bei offenen Thüren und Fenstern; die Schneider hängen die Füße zum Fenster heraus, oder sitzen auf dem Straßenboden, der übrigens sehr rein und vortrefflich gepflastert ist; fast alle Straßen sind nur 3—4 Fuß breit und stinken erschrecklich, besonders die Kanäle. — Die Reise war sehr ermüdend und anstrengend; Sonntags um 1 Uhr in den Eilwagen, und bis Donnerstag früh 10 Uhr ununterbrochen in sitzender Stellung, gepreßt, ohne die Füße ausstrecken oder sich ordentlich anlehnen zu können, zubringen zu müssen, ist gewiß keine kleine Aufgabe; indeß bin ich gesund und froh, und kann heute wieder recht gut auf einem Strohsessel sitzen, ohne eine Unterlage nöthig zu haben. Auf dem Schiffe werde ich mein Tagebuch in Ordnung bringen und Ihnen wenigstens Auszüge auch von der Hieherreise mittheilen. Mit mir reist der Sohn des berühmten Mechanikus Ertel, ein recht wackerer junger Mann. Montag geht es mit dem Dampfschiff nach Triest. Ich wollte nur, Sie könnten mit ansehen, wie ich mich mit den Italienern unterhalte. Ich kenne zwar schon mehrere Wörter, aber noch lange nicht das Allernothwendigste; die Mimik muß das Uebrige thun, was denn auch sehr ergötzlich anzusehen ist, besonders wenn ich von der alten Signora Barbara etwas verlange. Ertel kann noch weniger, und den Lohnbedienten haben wir nur etliche Stunden des Tags. Es geht indessen. Leben Sie wohl ec. ec.

In einem weiteren Briefe von Juli 1834 schildert er seine Reise bis Nauplia:

Nauplia, Juli 1834.

Seit meinem ersten Schritte auf hellenischen Boden scheint mich das Unglück unablässig zu verfolgen. Ich will die Begegnisse der Reihe nach, wie sie sich zugetragen, mittheilen, und Sie mögen dann daraus ersehen, ob ich Recht zu einer solchen Behauptung habe. — Die Fahrt von Corfu bis Patras wurde von Wind und Wetter nicht mehr so begünstigt, wie die ersten Tage meiner Seereise. Wir brauchten 4 Tage, um einen Weg zurückzulegen, den man sonst in 20 Stunden machen kann; namentlich an dem letzten Tage war der Wind sehr conträr und blies aus dem Golf von Lepanto mit solchem Ungestüm uns entgegen, daß das Schiff ganz auf der Seite lag und lang laviren mußte, bis es auf der Rhede von Patras Anker werfen konnte. Die Gegend um diese Stadt ist sehr gebirgig, aber malerisch schön, und würde es noch mehr sein, wenn sie nicht fast gänzlich des Schmuckes der Bäume entbehrte. Patras gegenüber erheben die Berge von Missolunghi ihre kahlen Häupter, doch bemerkt man auf dieser Seite etwas Walbung. — Diese Stadt (Patras) ist nicht geeignet einen günstigen Vorbegriff von Griechenland zu erwecken, und das um so weniger, da dieselbe als die beste und schönste in Hellas gepriesen wird, was indeß durchaus grundlos ist. Man hat fast Mühe, die Häuser der Stadt, die sich an einen Hügel anlehnt, dessen Rücken mit einem ruinirten Kastell gekrönt ist, von dem Boden zu unterscheiden, da sie aus Lehm und Stroh erbaut, kaum 6—8 Fuß hoch und mit Blättern, Gerstenstroh oder in der Sonne gebackenen Ziegeln gedeckt sind. Man macht sich keinen Begriff von der Erbärmlichkeit dieser Hütten und dem Schmutz, der in ihrem reichlich bevölkerten Innern herrscht. Unmittelbar am Ufer sind jedoch einige bessere Häuser errichtet, die aber ihre Erbauung der neuesten Zeit zu verdanken haben. Längs des Ufers zieht sich auch eine Hüttenreihe hin, die einen orientalischen Bazar bildet; es ist des übeln Geruches wegen nicht sehr angenehm, auf diesem Markte sich umherzutreiben; überdieß ist hier beständig großes Gedränge und ein ohrzerreißender Lärm. Die Loganda, in welcher wir während unsers Aufenthaltes Quartier nahmen, ist eines der besten Gebäude; wir erhielten für nahmhaftes Geld erträgliche Betten, gutes Essen, schlechtes Brod und vortrefflichen Wein; unangenehm war es, daß schon hier die erste Bekanntschaft mit zahllosen Flöhen und Wanzen gemacht wurde. Ich suchte einige Alterthümer auf und war auch so glücklich, bei der Kirche des heiligen Andreas die Ueberreste eines Dianentempels, Spuren von Mosaikböden, eine alte Orakelquelle und Mauern von dem alten Hafen von Patras, der an einer ganz andern Stelle als der jetzige, und sehr gut eingerichtet war, zu entdecken. Die Stadt ist ungesund und war es schon im grauen Alterthum wegen der Nebel, welche sich Morgens und Abends über dem Golf erheben. Ich beobachtete bei solchem Nebel einen Sonnenuntergang, der von so ganz eigenthümlichem Effekt war, daß ich noch nie Aehnliches sah. Am dritten Tage reisten wir von Patras ab. Die Gesellschaft bestand aus 9 Personen; Ertel, der Münzschlosser Weitlanner, ich, ein gewisser Herr v. Palm aus Augsburg, der eine Vergnügungsreise macht, mit seinem Bedienten, ein Engländer und noch zwei andere Deutsche. Wir waren alle beritten und saßen zwischen Ballen und Säcken auf breiten hohen Packsätteln; es waren noch 4 Packpferde mit schweren Koffern beladen dabei, und 5 griechische Treiber, welche mit näselndem Tone singend hinterbrein trabten, gaben unserer Cavalkade noch ein frappanteres Aussehen. Der Weg nach Korinth zieht sich am Meeresufer hin, bald durch Ebenen mit blühendem Oleander, Buchs und Stechpalmen üppig bewachsen, bald über nackte Felsriffe und steile Anhöhen, etliche Male mußten wir sogar, um Klippen zu umgehen, über welche die Treiber mühsam mit Händen und Füßen kletterten, durch das Meer reiten, bei welcher Gelegenheit eine heranströmende Welle mich und mein Pferd mit ihrem weißen Schaume überschlug. Es war ein sehr ergötzlicher Anblick, mich auf meinem Cavallo, einen Malteser Strohhut auf dem Kopf, die Guitarre wie eine Jagdflinte über dem Rücken, und ein Paar Doppelpistolen am Reitkissen, daher traben zu sehen. Wir mußten etliche Male reißende Bergwasser durchreiten, kamen aber immer glücklich durch; Mittags wurde einige Stunden bei einem griechischen Wirthshause der elendesten Art gerastet und der mitgenommene Speisenvorrath, aus Brod und rohem Schinken bestehend, verzehrt. Schon sahen wir gegen 6 Uhr Abends Bostizza, das Ziel unserer Tagreise, in 3/4stündiger Entfernung auf einem Hügel vor uns liegen; schon freute ich mich auf unsern pittoresken Einzug, als plötzlich ein Unglücksfall alle angenehmen Hoffnungen zerstörte. Das Band meiner Guitarre riß oben ab; diese fiel hinunter und baumelte dem Pferd zwischen den Füßen, welches, dadurch scheu gemacht, in rasendem Galopp über die Steine dahin flog; einige Zeit erhielt ich mich; da das Pferd nur einen Strick am Kopf hatte, so konnte ich es nicht erhalten. Endlich drehte sich der Sattel, ich stürzte herab, blieb mit dem Fuß am Strick, der mir als Steigbügel diente, hängen und wurde so fast eine volle Viertelstunde weit geschleift. Wie ein Blitz durchfuhren in diesen entsetzlichen Augenblicken die Gedanken meinen Kopf; „Gott, dachte ich, also so bald, auf so elende Weise mußt du umkommen (ein furchtbarer Stoß an die Rippen); ach! gewiß sind jetzt Rippen zerbrochen; noch einige Sekunden, dann ist's vorbei!" In dem Augenblick, als ich mich ruhig in mein Schicksal ergab, ging Sattel und Zeug ganz los, und ich blieb liegen. Leute, die gerade aus Bostizza kamen, hoben mich auf; erst nach geraumer Zeit kamen meine Reisegefährten, die mich bereits aufgegeben hatten, nach. Wie sah ich aber aus! Meine Kleider hingen nur noch in langen Streifen an mir, selbst das Hemd war total zerrissen; an beiden Armen, am ganzen Rücken hinunter war keine Stelle, thalergroß, die nicht aufgerissen und geschunden gewesen wäre; am Kopf, an den Hüften und Ellbogen hatte ich mehr oder minder große Löcher; Sie können sich denken, daß ich von Herzen froh war, noch so weggekommen zu sein; es war kein Glied zerbrochen, und die Verletzungen, obgleich zahlreich, doch im Ganzen nicht sehr bedeutend; 4 Griechen trugen mich auf der Todtenbahre nach Bostizza hinein, wo ich in der dortigen Loganda leidliches Unterkommen fand. Die herbeigerufenen Aerzte ließen mir unverzüglich zur Ader, setzten 20 Blutigel an den Rücken und gaben mir überdieß noch Abführmittel, um jede Entzündung zu verhüten und dem Fieber vorzubeugen. Ich litt unbeschreiblich; das Lager war erbärmlich, Mücken und Flöhe in zahlloser Menge und doppelt beschwerlich, da ich weder Arm noch Fuß rühren konnte, und meine Wunden brannten wie Feuer; erst am andern Tage wurde ich verbunden. Die übrige Reisegesellschaft zog weiter, nur der Münzschlosser Weitlanner, ein recht wackerer Mann, blieb bei mir, um mich zu pflegen, war aber selbst krank. Die Bewohner von Bostizza nahmen lebhaften Antheil an meinem traurigen Loose; leider konnte ich mich mit den guten Leuten, welche mich besuchten, wegen Unkenntniß der Sprache, nur schlecht verständigen; der Apotheker sprach etwas Deutsch und ohne ihn wäre ich ganz verlassen gewesen. Als ich wieder etwas gehen konnte (am 3ten Tage) lud mich der Eparch zu sich ein; es wurde Limonade, Eis und Kaffee servirt und die ganze Familie war ausgezeichnet artig gegen mich; solche Beweise von freundschaftlicher Theilnahme hätte ich kaum in Deutschland in einer fremden Stadt gefunden, und ich muß gestehen, daß ich auf's lebhafteste dadurch überrascht, auf's innigste gerührt war. Der Wirth versäumte nicht, mir Rosen zu bringen und zeigte die größte Aufmerksamkeit. Die Lage dieses Städtchens, das alte Aegion, auf einem kleinen Vorgebirg im Golf von Lepanto, dem beschneiten Parnassus gegenüber, mit schöngeformten, hohen Bergen im Hintergrund, ist einzig; das Romantische derselben wird durch die Trümmer einer griechischen Kirche, von schlanken Palmen umgeben, erhöht; in der Ebene breiten sich reiche Gerstenfelder aus, die theilweise schon abgeärntet waren. — Am 4ten Tage setzte ich mit Weitlanner die Reise nach Korinth zu Schiffe fort; es war Sonntag, der 1. Juni. Das Schiff wurde von dem Kapitän, einem Schiffsknecht und 2 Jungen geführt und war das erbärmlichste Fahrzeug, das man sich denken kann. Gegen Abend zog ein Gewitter auf und der Herr Kapitän mußte, da der Wind sich gänzlich legte, gewaltig rudern, um den Hafen von Korinth zu erreichen; der Regen fiel in Strömen, und endlich legten wir gegen 9 Uhr Abends vor Anker. Einige heitere Augenblicke gewährten wundervolle Effekte; Sonnenuntergang und ein großer Regenbogen waren unbeschreiblich herrlich. Obgleich es schon finster war, wollte Weitlanner doch noch nach Korinth, da das Wasser allenthalben in's Schiff lief und kein trockener Winkel zu finden war. Murrend belud sich der alte Kapitän mit unsern Effekten und schritt durch Dunkel und strömenden Regen vor uns hin; nie habe ich schrecklichere Augenblicke gehabt als an diesem Abend; mir war weh bis zum Tod; ich konnte mich kaum vorwärts schleppen und war bis auf die Haut durchnäßt; der Weg schien endlos, denn wirklich liegt Korinth ³/₄ Stunden weit von unserm Landungsplatz; wir würden den Weg zu dem Wirthshause in dem Labyrinth von Ruinen gar nicht gefunden haben, wären nicht glücklicher Weise, als am Geburtstage des Königs, einige Häuser illuminirt gewesen. Um 11 Uhr kamen wir denn an; ich legte mich sogleich zu Bette und erwachte nach einem wahren Todesschlafe ziemlich wohl am andern Tage. Korinth liegt ebenfalls sehr schön, besteht aber jetzt aus nur wenigen, unansehnlichen Hütten; die Ruinen bedecken einen Flächenraum von wenigstens einer Stunde, bieten aber nichts Interessantes und nur einen sehr traurigen Anblick dar; sie gehören der neuern Zeit an und bestehen fast durchgängig aus elenden Lehmmauern, mit antiken Steintrümmern vermischt, zwischen welche der Grieche wie eine Schwalbe, mit geringem Aufwand von Koth und Stroh seine Wohnlöcher hineingeklebt hat. Oben jedoch sind wieder einige bessere Häuser, die eine Art Straße, freilich mit Nesseln und Unkraut reichlich bewachsen, bilden. Auf steilen Felsen erhebt sich die unbezwingliche Akropolis, das griechische Banner auf ihren starken Thürmen. Zwischen Akrokorinth und dem bewohnten Theile der Stadt liegt eine kleine Ebene, mit Disteln bedeckt und von zahllosen großen Heuschrecken belebt. In dieser Ebene steht eine herrliche Antike; 7 kolossale, geriefte Säulen, Bruchstücke eines Tempels mit Theilen eines Gesimses. Der Besitzer der Loganda, ein Cephalonier, prellte uns tüchtig, und am 3ten Tage verließen wir das merkwürdige Nest. Weitlanner zu Fuß, ich auf dem Packsattel eines Maulthiers thronend, das der Treiber am Strick hinter sich herzog. Der Weg führte, an Akrokorinth vorbei, einige Stunden lang durch ein ziemlich fruchtbares Thal mit mehreren Seitenarmen von kahlen Bergen eingeschlossen; dann aber zog er sich plötzlich steil aufwärts, an Abgründen hin, über zerklüftete Steine, so schlecht und gefährlich, daß nur meine gänzliche Kraftlosigkeit mich abhalten konnte, abzusteigen; das Maulthier indeß kletterte sicher und ruhig fort ohne den geringsten Fehltritt zu thun. Nach fünf Stunden Reitens bekam ich furchtbar Kopfschmerz und Fieber; noch war die schwierigste Parthie zu bestehen. Auf einer Bergebene, bei Chanora, stieg ich ab und ging in eine kleine Hütte, um Kaffee zu machen. Es waren 4 Männer, wild und zerlumpt aussehend, darin; an der Wand standen 5 türkische Gewehre und auf einer Bank lagen geladene Pistolen; der übrige Raum der Hütte war leer, nur in der einen Ecke brannte ein Feuer. Weitlanner hielt die Kerle für Räuber, ich für Gränzwächter; wahrscheinlich hat aber, wie man mir berichtet, Weitlanner Recht gehabt. Sie thaten uns indeß nichts zu leibe, und nachdem ich mich etwas erquickt hatte, zogen wir weiter. Der Pfad ging nun steil und schwindelerregend abwärts, so, daß ich absteigen mußte; Sie können sich denken, daß es mir äußerst sauer ankam, zu marschiren, und dennoch gebot es die Nothwendigkeit. Das Maulthier schien manchmal gerade über unsern Köpfen zu stehen, brauchte aber dennoch lange, bis es zu uns kam. Ich hatte bei dieser Gelegenheit abermals Ursache, die außerordentliche Sicherheit und Festigkeit der griechischen Pferde und Maulthiere zu bewundern; bei uns sieht man nichts Aehnliches. Nach 1½ stündigem Marsche kamen wir auf ebeneren Boden, in die Gegend des alten Mykenä. Leider aber verhinderte mich meine zunehmende Krankheit, meiner Umgebung die Aufmerksamkeit zu schenken, die sie eigentlich verdient; denn schwerlich wird ein Theil des Peloponnes merkwürdiger sein, als dieser. Endlich kamen wir aus den Bergen heraus und vor unsern Blicken lag die ganze Landschaft Argolis mit ihrem Golf, an dem Nauplia liegt; vor uns Argos mit seiner Cidatelle auf einem steilen Berge, links das Ziel unserer Reise, obgleich noch 4 Stunden entfernt, dennoch so deutlich sichtbar, daß wir fast die Fenster zählen konnten, und hinter demselben der niedrige Itzkaleh und der ehrwürdige stolze Palamides mit ihren Forts. Der Weg wurde nun gut, d. h. er glich einer unserer schlechten Vicinalstraßen. Ich hatte aber kein Auge für alle diese Herrlichkeiten; kaum konnte ich mich mehr im Sattel halten. Bei Tyrinth, das durch die Ueberreste colossaler cyclopischer Mauern merkwürdig ist, 1 Stunde von Nauplia, ließ ich mich herabheben und in das dürre Gras am Wege legen; Weitlanner ritt auf meinem

Thiere in die Stadt, um einen Wagen zu besorgen. Wenn aber die Noth am größten, ist die Hilfe am nächsten. Herr Staatsrath Maurer kam zufälligerweise mit seiner Equipage angefahren, erkannte mich, ließ mich in den Wagen und nach seinem Hause bringen, wo ich mehrere Tage verblieb, bis meine Gesundheit wieder einigermaßen hergestellt war. Nachdem man mir wieder eine ziemliche Anzahl von Blutigeln hinter die Ohren applizirt und reichlich Medizin gegeben hatte, verließ mich das Fieber gänzlich. Doch habe ich seit der Zeit schon wieder einen kleinen Anfall gehabt, der aber vorüberging. Sie werden mir zugestehen, daß meine Reise reicher an Unfällen aller Art, als irgend eine war; nichts desto weniger habe ich doch vollkommen Ursache, noch zufrieden zu sein und Gott zu danken, da alles über Erwarten gut abgelaufen ist.

Ich fand in Nauplia bei Freunden und Bekannten die freundlichste Aufnahme. Meine erste Sorge ging dahin, ein gutes Quartier ausfindig zu machen, was hier keine geringen Schwierigkeiten hat. Durch eine sonderbare Gestaltung der Umstände wurde ich gezwungen, mit Rabus, der als Professor am Gymnasium angestellt und dessen Mutter in Ansbach ist, zusammen zu wohnen. Wir zahlen für unsere Wohnung, die aus einem kleinen Zimmer zum Wohnen und einem Winkel besteht, worin unsere Bettstellen stehen, monatlich 50 Drachmen, d. i. 20 fl. 50 kr. Natürlich müssen wir uns dabei sehr behelfen. Ich muß bei dieser Gelegenheit der allgemeinen Theurung aller Lebensmittel Erwähnung thun. Im Wirthshaus kostet das Mittagessen, man richte sich noch so frugal ein, immer wenigstens 1½ Drachmen. Der Seltenheit wegen einen griechischen Speisezettel: 1 Lepton = 1 Pfennig.

Brodsuppe	30 Lepta.
Suppe mit Ei	30 "
Rindfleisch mit Gurken oder einem andern Salat	45 "
Gemüse	40 "
Gefüllte Kürbis	50 "
Pillaw mit Huhn	50 "
Gedünstete Aepfel	40 "
Saure Milch	25 "
Kirschen	25 "
Reis in Milch	45 "
Schweizerkäse ꝛc.	35 "
Brod	10 "

Nichts ist hier wohlfeil, als Tabak, Wein, Kaffee und Zucker, alles Andere kommt ausnehmend hoch; am theuersten Logis, und bei letzterem hat man nicht einmal Meubeln, sondern muß sich jämmerlichst behelfen. Im Verhältniß zum Preise der Lebensmittel sind auch alle übrigen Bedürfnisse gesteigert, so daß mir von mehreren Seiten versichert worden ist, in Paris und London könne man wohlfeiler und besser (an letzterem zweifle ich nicht im entferntesten) leben. Man spricht draußen immer so viel davon, daß jede geschickte Hand hier willkommen sei; daß, wer nur einmal hier wäre, gewiß Unterkommen fände. An Ort und Stelle spricht sich's anders. An Deutschen, welche beschäftigt sein wollen, fehlt es durchaus nicht, wohl aber an Plätzen oder vielmehr an Gagen. Vor allem werden natürlich Griechen berücksichtigt, und ein griechischer Competent, der nur halb so viel leistet, als seine deutschen Mitbewerber, muß und wird stets vorgezogen werden. Bei solchen Umständen kann es nicht fehlen an Klagen über getäuschte Hoffnung, namentlich beim Militär, und wer es nur halbweg möglich machen kann, wendet um; leider ist unter der Zahl der Umkehrenden auch mein treuer Reisegefährte Weitlanner, der lieber die Kosten der Her- und Rückreise trägt, als bleibt. Auch Ertel ist bereits abgereist. Ich bin mit meinen Verhältnissen sehr zufrieden. Von Seite der Regierung wird mir auf das artigste begegnet; ich habe keine Inspektion über mir, als das Ministerium, stehe also ganz frei und ungehindert und habe überdies die besten Aussichten. Der General-Schul-Direktor Dr. Kork hat mir den Vorschlag gethan, die Direktion am Schullehrer-Seminar zu übernehmen; meine Schule würde dann ins Seminargebäude verlegt und als Musterschule betrachtet, und in demselben Hause würde ich natürlich auch wohnen. Es sind bereits Schritte zur Realisirung dieses Vorschlags gethan, und ich zweifle nicht im Geringsten an dessen Ausführung. Daß ich noch wenig oder gar nichts Griechisch kann, hält Dr. Kork für ein geringes Hinderniß, das sich bald heben werde; und bin ich der Sprache mächtig, so werde ich ohne Schwierigkeit zugleich Professor. Mit der deutschen Schule selbst aber bin ich schon in unangenehme Collisionen gekommen, die sich aber hoffentlich bald verlieren werden. Der Hofkaplan hat nämlich schon früher eine Privatschule gegründet, die aber nur durch Unterstützung vom König bestehen konnte. Er wurde wegen Proselytenmacherei und anderer Umtriebe 2 Monate lang eingesperrt und dann verwiesen, wodurch die Gemüther des ihm treu ergebenen Hofpersonals empfindlich gereizt wurden.

Der lang verhaltene Groll brach bei Gelegenheit meiner Anstellung, eines Evangelischen, los; man hatte reichlich geschürt, und nun wurde erklärt, kein katholischer Vater werde ein Kind schicken. In der Person des jetzigen Hofkaplans fand sich ein williges Organ dieser Stimmung und derselbe hält nun im alten Lokale Schule, während ich im neuen, im Seminar, walte. Dem Unwesen wird aber jedenfalls bald ein Ende gemacht werden, sobald die öffentliche Aufforderung von Seite der Regierung zur allgemeinen Schulkinderconscription ergangen und die Resolution auf meinen eingereichten Schulplan erfolgt ist. Meine uneingeschränkte Stellung erlaubt mir ein energisches Verfahren, welches ich um so mehr wagen kann, da ich sowohl von Seite des Ministeriums, als des Herrn v. Maurer kräftig unterstützt werde. Zur Einrichtung der Schule sind mir 1200 Drachmen angewiesen. Ich werde in Auftrag der Regierung einen Schulbücherverlag etabliren, zu welchem Zwecke mir die Regierung eine bedeutende Summe garantirt. Den Töchtern des Herrn Grafen v. Armansperg gebe ich täglich 3 Stunden Unterricht; so auch den Kindern des dänischen General-Konsuls v. Falbe. Bei Armanspergs bin ich für jeden Tag abends eingeladen, mache aber nur selten Gebrauch. So habe ich auch in der Person des Geheimen Regentschaftssekretärs v. Stabemann einen guten Freund gefunden; Maurer's Haus steht mir auch offen und an guten Bekannten, worunter ich besonders den Hofpianisten Ascher und die Prinzen Cantacuzenos rechne, fehlt es auch nicht. Meine Tagesordnung ist einfach: Um 5 Uhr auf; Frühstück; von 7—9 Schule. Von ½10 bis ½1 Uhr bei Armanspergs, welche ½ Stunde von der Stadt in einem Landhause, früher Miaulis gehörig, wohnen; — von 2—3 Uhr bei Falbe. 3 Uhr Mittagessen. Von 4—6 Uhr Schule. Die Abende bringe ich meistens auf der Terasse meines Hauses unter Gesang und Guitarrespiel zu. O könnten Sie nur einen solchen Abend mitfeiern. Ich übersehe das blaue Meer mit seinen schwankenden Schiffen, die terassenartig gebaute Stadt, mit ihren vielen sonderbaren türkischen Gebäuden und einzelnen Cypressen, und in weitem Bogen die Berge von Argolis; alles mit einer Klarheit und Deutlichkeit und in einer Farbenpracht, die unser an nordische dichte Luft gewöhntes Auge frappirt! Und welch ein Himmel! In dieser selten bewölkten Bläue strahlt das Firmament in einer mir bisher fremden Pracht. Die Abende sind das schönste, was man hier sehen kann; die Gegend selbst ist in diesem Augenblicke zwar verbrannt und dürre, entbehrt aber

2*

doch nicht aller Reize. Wie freut man sich, wenn das ermüdete Auge auf dem Grün eines Oliven-Maulbeer-Cypressenbaums oder gar einer Palme einen Ruhepunkt findet. Wo Wasser ist, findet sich Grün, also nur sparsam. Das Trinkwasser ist, besonders wenn man es in ungebrannten irdenen Krügen von antiker Form aufbewahrt, ziemlich frisch, trotz der bedeutenden Hitze. Wir haben heute im Schatten 29°gehabt; in der Sonne 38°. Während der Mittagszeit kann man kaum über den Platanenplatz kommen; wie der Dunst aus einem geheizten Backofen fächelt es entgegen; und doch darf man sich nicht zu leicht kleiden.

Ich habe schon sehr interessante Excursionen nach Tyrinth, Argos, Mykenä, Portolone, Astros, Lucuisotyr gemacht. Während der Ferien gehe ich vielleicht nach Smyrna oder Athen, vielleicht auch nach Konstantinopel.

Ich muß für einen nächsten Brief doch auch etwas aufheben, daher will ich die Schilderung von zwei sehr interessanten Excursionen nach Astros, Lucuisotyr und Argos — die ich in Gesellschaft des Herrn v. Stademann gemacht habe, versparen.

Wie lange Beeg sich in Nauplia, seinem anfänglichen Bestimmungsort aufgehalten, ist nicht genau zu ermitteln. Am 20. April 1835 schreibt er aus Athen:

Athen, den 20. April 1835.

Ihr lieber Brief vom 16. Oktober 1834 hat mir große Freude gemacht, ich habe ihn so oft gelesen, daß ich denselben fast auswendig weiß. Es ist unverzeihlich von mir, daß ich so lange mit der Beantwortung desselben zögerte; doch können die mancherlei Veränderungen, die seit Kurzem vorgefallen sind, meine vielen Geschäfte, und meine Ueberzeugung von Ihrer gütigen Nachsicht gegen mich als mildernde Gründe dieser Nachlässigkeit angesehen werden, wenn sie dieselben gleich nicht völlig entschuldigen.

Daß mein voluminöser Brief, der die Erzählung meiner kleinen Reiseabenteuer und die Schilderung des ersten Eindrucks, den diese neue Welt auf mich machte, enthält, einen so weiten Lesezirkel zu durchlaufen hätte, war mir nicht entfernt zu Sinne gekommen; eben so sehr haben mich auch die vielen Lobsprüche, welche Sie demselben ertheilten, überrascht; halte aber dafür, daß dieselben mehr von Ihrer Güte und Freundschaft diktirt, als wirklich verdient sind. Es geht mir sehr sonderbar mit meinem Briefschreiben; widerfährt mir etwas sehr Auffallendes, so fühle ich mich gedrängt, es Ihnen sogleich mitzutheilen; ich schreibe nieder, kann mich aber nicht entschließen, wenn dasselbe erzählt ist, anderes, für mich minder Interessantes, anzuknüpfen, und meine Zeilen bleiben Fragment; nun habe ich mir aber vorgenommen, Alles, und sei es noch so aphoristisch, zu schreiben, muß aber im Voraus schon deswegen um Entschuldigung bitten. Drei Brieffragmente, an Sie gerichtet, liegen vor mir, und ich ärgere mich gewaltig, daß ich nicht schon längst an jedem einen Schluß gemacht und an Sie abgeschickt habe.

Endlich komme ich an das eigentliche Erzählen. Daß ich meine Residenz nach Athen verlegt habe, ist Ihnen vermuthlich schon bekannt. Ende Septembers machte ich eine Commissionsreise nach Athen, der Aufsuchung eines Schullokales wegen. Die gräfliche Familie Armansperg hatte mich eingeladen, die Reise in ihrer Gesellschaft zu machen. Der Weg von Nauplia über das schön gelegene Ligurio nach Epidaurus wurde zu Pferde gemacht; bei welcher Gelegenheit ich armer furchtsamer Ritter von den Damen, die mich fortwährend galoppirend umschwärmten, gar viel auszustehen hatte. In Epidaurus erwartete uns der englische Kutter Turquoise, Kapitän Lyon, der die kostbare Fracht nach dem Pyräeus bringen sollte. Es scheint ordentlich, als bedürfe es nur meiner Gegenwart, um einer Reise durch unglückliche Abenteuer pikantes Interesse zu verleihen. Hinter Aegina, nahe an der Einfahrt in den Pyräeus, gerieth nämlich der Kutter durch die Unachtsamkeit des Lootsen zwischen 3 Felsen und klemmte sich so fest ein, daß er mauerfest stand. Diese Situation war gar nicht gefahrlos und wäre noch bedenklicher gewesen, wenn der Wind nur etwas stärker geweht hätte. Es war Abends halb 8 Uhr, ich glaube am 28. September; die ganze Nacht hindurch wurde Ballast ausgeladen, und nach 11stündiger Arbeit wurde das Schiff wieder flott. Wir Passagiere hatten diese Verzögerung unserer Ankunft sehr interessant gefunden, und die Sache viel leichter genommen, als sie eigentlich war. — Es ist mir unmöglich, den Eindruck zu beschreiben, den der erste Anblick Athens auf mich machte. Während des Wegs vom Pyräeus nach der Stadt hatte ich volle Muße, die imponirende Akropolis zu betrachten, durch mehrere Hügel wurde mir die Ansicht der Stadt entzogen; endlich bog ich um den letzten; ich war ganz nähe. Da lag es vor mir, das Ruinenlabyrinth, dürr und abgestorben; die niedern Lehmhütten von einigen dunkeln Chpressen und schlanken Dattelpalmen überragt. Eine Wanderung in den Straßen, wenn man diesen Namen gebrauchen durfte, war weder gefahrlos, noch bequem; ungeheure Misthaufen neben unergründlichen Sumpflöchern, die Schwierigkeit des Orientirens, schwerbeladene Rosse, Maulthiere, Esel und Kameele, die an den nahestehenden Häusern überall anstreiften, verleideten jeden Spaziergang. Einen desto größern Contrast gewährte der Anblick der Ueberreste aller Größe und Herrlichkeit, das Parthenon ganz besonders. In hundert und aber hundert Reisebeschreibungen können wir die Beschreibung dieser Wunderwerke lesen, besser, als ich sie geben könnte; ich begnüge mich daher, bei dieser Gelegenheit zu bemerken, daß auf der Akropolis, besonders am Fuße der Fronte der Parthenons, bedeutende Nachgrabungen stattfinden, die schon sehr merkwürdige Resultate geliefert haben.

Die zweite Reise nach Athen zum definitiven Aufenthalt wurde Ende Novembers in Gesellschaft mehrerer guten Freunde zu Pferde gemacht und führte uns über Argos, Mykenä, Korinth, Lenetta, Megara, Eleusis. Wenn Sie den Weg auf der Karte verfolgen, so werden Sie bemerken, daß derselbe gleich hinter Korinth, wo er den Isthmus durchschneidet, der, beiläufig gesagt, nur wenige Spuren früherer ausgezeichnet üppiger Vegetation zeigt und einer guten deutschen Waldlandschaft ähnelt, sich nahe am Meere hinzieht, bis er endlich nicht weit von Megara wieder nördlich geht. Diese Strecke Weges ist in ganz Griechenland unter dem Namen kaki scala, als schlecht und gefährlich bekannt, verdient diesen Namen besonders einer Stelle wegen, wo die alte Hadrianstraße eingestürzt ist und der Wanderer durch Felsblöcke steil zum Meere herab eine kurze Strecke am Fuße eines röthlichen stahlblanken Marmorkegels durch die brandenden Wellen und dann fast lothrecht, in kleinem Geröll wieder hinauf reiten muß, ganz mit Recht, gewährt aber entzückende Aussichten auf das Meer und den Golf von Salamis. Daß das Wetter ungünstig war und einzelne Regenschauer belästigten, war mir aber eher lieb als unangenehm, da hiedurch ein steter Wechsel pittoresker Beleuchtung veranlaßt wurde. Am vierten und letzten Tag der Reise hatten wir hinter Eleusis einige fatale Stellen zu passiren. Die ganze Fläche von diesem Orte bis zu den türkischen Mühlen war überschwemmt und 3 im Sommer kaum bemerkbare Bäche, die sich in den Meerbusen von Salamis ergießen, waren in Ströme verwandelt. Obgleich das Wasser fast über dem Rücken der Pferde zusammenschlug, und die Agojaten dieselben bei Kopf und Schweif halten mußten, damit die erschöpften Thiere nicht fortgerissen wurden, kamen wir doch alle glücklich hinüber. Im Olivenwalde bei Athen hatten wir mit denselben Beschwerden zu kämpfen, kamen aber mit sinkender Sonne, zwar wohl durchnäßt, doch fröhlich und wohlgemuth in unserm neuen Aufenthaltsort an. Ich kann mich nicht enthalten, eine kleine Skizze meiner merkwürdigen Reiterfigur beizulegen. — Seit meiner ersten Anwesenheit hat sich Vieles geändert; überall entstehen neue Straßen, und wenn auch die Wege im Ganzen noch so schlecht sind wie früher, so ist doch Hoffnung baldiger Aenderung da; große Concurrenz unter Logauden und Kaffeehäusern, einige Versuche nächtlicher Straßenbeleuchtung ec. verdienen, als Früchte der Erhebung Athens zur Residenzstadt, ebenfalls nicht unbeachtet zu bleiben.

Meine Privat- und Dienstesverhältnisse lassen im Einzelnen zwar Manches zu wünschen übrig, befriedigen mich aber im Allgemeinen. Beschäftigung im Ueberfluß, interessante Bekanntschaften, Zutritt in jede Gesellschaft, romantische Umgebung, sowohl in der freien Natur, als auch im Leben und Treiben des Volkes, rege Theilnahme an den politischen Ereignissen — lauter Ingredienzen, um Trübsinn oder Langeweile zu verscheuchen. Nur fühle ich oft das Thema: „Es ist nicht gut, daß der Mensch allein sei," mit den auf mich Bezug habenden Varianten so lebhaft, daß ich nothwendig schnelle Zerstreuung suchen muß; Sie verstehen mich.

Ich glaube, ein anderer geworden zu sein; daß ich an intensivem Leben gewonnen habe, ist mir unbezweifelt; wie Vieles, was mir bisher dunkel war, ist mir jetzt klar, mancher Traum — Wirklichkeit; manche undeutliche Idee deutlich geworden. Der Aufenthalt hier, wo ich auf mich zurückgewiesen bin, wo jedes Verhältniß sich in der Art und Weise gestaltet, wie ich in dasselbe eingehe, ist mir unendlich lehrreich, eine wahre, tüchtige Lebensschule. Wohl merke ich, daß ich etwas mystisch und unverständlich rede; in mir ist es ganz klar, was ich sagen will, nur versagt mir Sprache und Feder den Dienst, dasselbe in Kürze deutlicher auszudrücken und näher zu motiviren. Meine nächsten Briefe sollen ausführliche Details über diese Punkte enthalten. —

Ein Verein, zur Unterstützung bedürftiger deutscher Familien, Wittwen und Waisen, wird auf meine Veranlassung nächstens in's Leben treten; eben so hoffe ich auch, daß die von mir vorgeschlagene Errichtung von Bataillonsschulen bald zu Stande kommen, und ich als Vorsteher gesammter deutscher Schulen ernannt werde. Mit meiner

Seminarinspektorschaft sieht es schlecht aus, da das Seminar in Nauplia ist und ich in Athen bin. Ich bin gespannt, wie sich dieses Verhältniß gestalten wird, wenn das Seminar, wie in Kurzem geschehen soll, hierher verlegt wird. Sie sehen, daß mich mannichfache Interessen in Athen erhalten.

Meine Gesundheitszustände sind in diesem Augenblick wieder gut. Das Klima übt auch an mir seine Injurien aus; zum zweiten Male habe ich in Nauplia starkes Fieber mit Halsentzündung gehabt; reichlicher Blutverlust hat mich kurirt; Zahnschmerz plagt mich sehr häufig, erst gestern habe ich den Bund, den ich wegen Kieferknochenhäutentzündung 14 Tage lang getragen habe, abgelegt. Gott wird weiter helfen.

Einen vollendeten kurzen Brief an Sie, den ich vor Kurzem geschrieben habe, in der Hoffnung, denselben mit dem Päcket des Herrn Grafen v. Armansperg über Marseille schnell an Sie zu befördern, behielt ich zurück, lege aber den bei dieser Gelegenheit an meinen Bruder geschriebenen zu gefälliger Besorgung bei; der Kurier ging ab, ehe ich das Siegel auflegen konnte. —

Tausend Grüße an Ihre liebe Familie, Frau v. Spiegel und Ihre Töchter und alle übrigen Freunde und Bekannte. Die Befürchtung, aufdringlich zu erscheinen, hält mich ab, an Frau v. Spiegel zu schreiben; dürfte ich wohl? Danken Sie der verehrten Frau in meinem Namen recht herzlich für Ihren lieben Brief. Leben Sie wohl! und gedenken Sie meiner in Liebe. O wüßten Sie nur, wie warm, wie oft, wie innig ich mich an Sie und Ihre theuere Umgebung erinnere. Leben Sie wohl! Schreiben Sie mir bald, recht bald; mein nächster Brief soll nicht Monate zu Intervallen haben. Mit steter Verehrung und Freundschaft Ihr ꝛc.

In Athen fand Beeg nur geringen Wirkungskreis für seine Berufskraft, aber ein um so reicheres Feld für sein geselliges Talent und die höchste Anerkennung seiner persönlichen Vorzüge. Hatte man schon in München's hohen Kreisen dieses eminente gesellschaftliche Talent, diesen mit so reichen Gaben und seltener Liebenswürdigkeit ausgestatteten jungen Mann, der doch nie den sittlichen Gefahren, denen gerade so reich begabte und liebenswürdige Naturen ausgesetzt sind, erlag — mit Vorliebe gesucht, so war das in Athen noch weit mehr der Fall. Nicht nur in den Familien der griechischen Gesandtschaft, sondern auch am Hofe war Beeg gern und viel gesehen.

Se. M. König Ludwig I. vermißte ihn Ungern in den vorigen Abendzirkeln, und bei dessen zweitem Besuch in Griechenland war es eine der ersten Fragen des Königs: „wo ist unser Beeg?"

Mit ganz besonderem Wohlwollen wurde Beeg im Hause des Grafen Armansperg aufgenommen, und es waren die Beziehungen zu diesem Staatsmanne für ihn von den bedeutendsten Folgen. Graf Armansperg begab sich für einige Zeit nach Konstantinopel, und lud Beeg ein, seine Gemahlin und Töchter dahin zu begleiten. Ueber diese Reise schreibt Beeg an S. aus Bujukdere vom 9. August 1835.

Bujukdere, den 9. August 1835.

Sie erhalten diese Zeilen aus einem Ort, wo Sie mich gewiß nicht vermuthet hätten; eine neue Welt umgibt mich, Alles, — Himmel, Land und Meer — Leute, Trachten und Sitten sind neu und äußerst interessant bis zum Frappanten. Mein Auge streift längs des Kais von Bujukdere an der Reihe der Sommerhäuser der verschiedenen europäischen Ambassadeurs hin; gegenüber in kaum ¼ stündiger Entfernung das herrliche asiatische Ufer, im Hintergrunde zur Linken die Oeffnung des Bosporus in das schwarze Meer. Es sind 3 Tage, daß ich in dieser Weltmetropole bin, und mir ist, als wäre ich eine Minute hier, so neu, so fremdartig zeigt sich Alles.

Meine Reise hieher ging glücklich von Statten; ich fuhr in Gesellschaft des Grafen Berchem, Baron Boutteville und Hofkonditor Unger auf dem königlichen Postkutter nach Syra, wo wir 5 Tage verweilten. Die englische Brigg Isabella brachte uns nach Smyrna, hatte aber das Unglück, bei der Einfahrt in den Golf, am Fort Joannitsch auf den Strand zu laufen; leider betrachtet man mich, wohl nicht mit Unrecht, als Ursache, da ich gerade Musik machte und der Kapitän und die übrigen Passagiere mich aufmerksam umringten. Glücklicher Weise fuhr fast in demselben Augenblick das englische Dampfboot Levant vorüber, das wir anriefen und bestiegen. Nach 42 stündiger Fahrt erreichten wir Konstantinopel. Ich behalte mir vor, Ihnen das Nähere aus meinem Tagbuche auszugsweise später mitzutheilen oder gelegentlich ganz zu schicken, und beschränke mich daher auf diese kurzen Andeutungen. — Ich habe hier überall die freundlichste Aufnahme gefunden, diese Zeilen schreibe ich im Hause des griechischen Gesandten Zographo's, im Zimmer des Staatsraths v. Kobell, der seit einigen Wochen schon hier ist; — gestern Abend habe ich die Prinzessin Maurokordato auf dem Kai herumgeführt, wo vor dem Hause des toskanischen Gesandten ein großes Feuerwerk abgebrannt wurde; vergangene Nacht schlief ich im Hause des Fürsten Maurokordato, den ich in Athen kennen gelernt habe. Was ich hier schreibe, klingt wie Renommisterei und ist es vielleicht auch etwas; aber es ist mir ordentlich, als müßte ich Ihnen sagen, wie der arme lange Schulmeister Beeg den Weltmann spielt.

Heute gehe ich nach Konstantinopel zurück, ich wohne in Pera bei einer Französin, Madame Garon. Morgen geht erst das Beschauen und Herumlaufen an. Die Pest ist nicht sehr stark; in den Dardanellen war sie sehr heftig; auch in Smyrna rafft sie wieder viele Menschen weg. Ich gedenke, nach Smyrna über Brussa, Muhalitsch und Magnesia zu gehen, was freilich eine beschwerliche Landreise von wenigstens 10 Tagen sein wird; indeß habe ich dann Kleinasien ordentlich gesehen. Ist die Pest im Innern des Landes so stark, wie in den Dardanellen, so scheitert freilich das Projekt, doch hoffe ich das Beste; — die Nachrichten sind natürlich immer schwankend und ungewiß. —

Im Juli 1835.

Die Vorbereitungen zur Abreise waren schon seit längerer Zeit getroffen, Koffer und Nachtsack standen 8 Tage lang gepackt im Zimmer und noch immer zeigte sich keine Aussicht, fortzukommen. Die quälendste Unruhe peinigte mich; täglich fand ich mich wenigstens zweimal im Magazin des englischen Kaufmanns Brown ein, um zu erfahren, ob das englische Dampfboot, mit dem wir nach Smyrna gehen wollten, angekommen sei und stets erhielt ich verneinende Antworten. Endlich Montags, den 27. Juli, Mittags erfuhr ich durch Unger, daß denselben Abend der k. Postkutter nach Syra ginge, welche Gelegenheit wir benützen könnten, da mit Sicherheit darauf zu rechnen sei, daß dort Schiffe nach Smyrna zu finden wären. Es wurde demnach festgesetzt, daß die Mitglieder der Reisegesellschaft, Graf Berchem, Baron Boutteville, Hofkonditor Unger und ich, sich um 6 Uhr beim Hause des Prinzen Caradja treffen sollten, um bei guter Zeit im Pyräeus zu sein. Die Zeit bis zur Abreise war karg zugemessen, da ich die leicht transportablen Effekten aus meiner bisherigen Wohnung fortschaffen und zu Hauptmann Mayrhofer in Verwahrung bringen wollte. Ich wurde glücklicher Weise zu rechter Zeit fertig, nahm Abschied von Falbe und Ascher und war zur bezeichneten Stunde beim Rendezvous, wo ich Unger bereits hoch zu Roß antraf; das zahlreiche Gepäck war unter Escorte von Unger's Bedienten schon vorausgeschickt. Da die andern Reisegesellschafter zu lange auf sich warten ließen, so begannen wir fröhlich die Reise; Unger brachte sein Roß durch sanftes Zureden mit einem Pfeifenrohr in einen gelinden Trab, ich schritt mit weitgespreizten Beinen wohlgemuth daneben her in die verglimmende Abendröthe hinein; das magere Mondsviertel ging soeben unten, als wir unsere erste Station, Pyräus, erreichten.

Pyräus. Unser erstes Geschäft war, den Hafenkapitän aufzusuchen, um Verabredung wegen der Ueberfahrt zu treffen. Leider aber machten wir in einer fast ¼ stündigen Unterredung die frappante Erfahrung, daß weder unsere griechischen, noch französischen Sprachschätze hinreichend wären, unsere Wünsche zu offeriren, und wir waren zuletzt sehr froh, begreiflich gemacht zu haben, daß wir nur die Vorläufer eines Größern wären, der bald hintennach käme. Glücklicher Weise traf auch Graf Berchem bald ein, voll Sorge um sein Gepäck, das aber ebenfalls bald ankam. Ein Berg von Effekten thürmte sich vor dem schmutzigen Krämerloche des sogenannten Meermichels auf, der abwechselnd von einem oder mehreren bewacht wurde. Wohlschmeckender, aber etwas stinkender und steinharter Käse, Schmalz, als Surrogat des Butters, und wohlgewässerter Santorin gaben mir neue Kräfte; einige Tassen Kaffee nebst der Pfeife begeisterten mich dergestalt, daß ich allerlei ergötzliche anmuthige Späßlein machte, wie sie wohl noch nie in diesen schmutzigen Hallen gesehen worden waren. Besonders geistreich schien mir ein aus Mangel an Sprachkenntniß etwas unzusammenhängendes Gespräch mit den dienstbaren Geistern des Meermichels über Lagerstätte und dergleichen, das sich damit schloß, daß ich fast den Oelüberfluß einer brennenden Lampe dem behaglich darunter Liegenden als Salb- und Weihöl aufgegossen hätte. Gegen 11 Uhr kam auch Baron Boutteville fluchend und zankend über Schneider, große Eile, schlechte Pferde, Gott und die Welt. — Ein finsterer Geist gab uns den unglücklichen Gedanken ein, eine Anzahl der unheilbringenden Zwiebeln, die wir als Hauptursache späterer Fatalitäten betrachteten, käuflich an uns zu bringen; das Gestade des Pyräus hallte wieder von lustigen Schnaderhüpfeln, griechischen Nationalgesängen und weittönenden Jodlern. Besondern Stoff zur Unterhaltung gaben uns 2 excellente Zungen, die ich für den Reisebedarf angekauft, welche aber unglücklicher Weise beim Ein- oder Ausbarkiren verloren gingen, wahrscheinlich hauptsächlich aus dem Grunde, da ich sie dem unwissenden Schiffsvolk, das nicht einmal deutsch versteht, nur als dio Zunges oder dio megalo creas bezeichnen konnte und beide Wörter vielleicht nicht in ihrem unvollständigen Dictionnaire vorkommen.

Endlich konnten wir uns einschiffen; schon war Mitternacht vorüber; der Himmel brannte von Sternen, deren milder Glanz in den Wellen widerstrahlte. Leise und langsam glitt unsere schwerbeladene Barke über die ruhige Fläche dahin, eine breite Silbergluthfurche ziehend, von phosphoreszirenden, durch den taktmäßigen Ruderschlag geweckten Wellen umspült. Die Mannschaft des kleinen Kutters lag in tiefem Schlaf; schweigend stiegen wir an Bord, breiteten Mäntel und Decken auf dem engen Verdeck zum Nachtlager aus und überließen uns dem Schlummer, hoffend, beim Erwachen schon weit vom Pyräeus entfernt zu sein. — Tha thank ich!

28. Juli. Unsere Hoffnung war getäuscht; wir lagen beim Erwachen noch ruhig vor Anker, denn das Schiff hatte seine Pässe noch nicht erhalten. Eilends fuhren wir wieder ans Land, wuschen uns und nahmen ein mageres Frühstück. Während der Zeit lichtete der Kutter die Anker und stach in See, so daß unsere Ruder angestrengt arbeiten mußten, um nachzukommen. Man hatte indeß wieder beigelegt, uns zu erwarten. Nachdem wir unsere Plätze eingenommen, machte es sich jeder möglichst bequem. Die übrige Schiffsgesellschaft bestand aus einem jungen, artigen Griechen, der sehr gut französisch sprach, und 2 abscheulich häßlichen (hydriotischen) stysariotischen Wittwen. Der Wind war ziemlich günstig, so daß wir schon nach 6 Stunden bei Cap Sunium, Thermia und Zea gegenüber, waren und hoffen durften, bei fortwährend gleich günstigem Wind ungefähr nur noch eben so lang bis Syra zu brauchen. Heiterkeit und Frohsinn schienen ihren Wohnsitz unter uns aufgeschlagen zu haben; doch plötzlich entflohen diese Freudenspenderinnen; unheilbringende Zwiebeln verjagten sie. Unger, der als Hofkonditor und studirter Gourmand genau wußte, wodurch der Genuß einer Speise erhöht werde, schlug vor, zu unserem kalten Entenbraten rohe Zwiebeln zu essen; wir aßen bona fide, spürten aber unmittelbar die übelsten Folgen; die Uebelkeiten, welche die äußerst unangenehme Bewegung des Kutters verursacht hatte, wurden zur vollständigen Seekrankheit gesteigert. Wer nicht selbst schon seekrank war, macht sich unmöglich einen Begriff, wie peinigend dieses Uebel ist; der Befallene leidet nicht nur

physisch, sondern auch geistig; gleichgültig gegen alle Schönheiten der Umgebung achtet er auch nicht darauf, ob Wellen bergehoch sich thürmen und der Sturm die Segel zerpflückt. Die ganze Nacht hindurch lag ich unbedeckt auf dem Verdeck, vom Thau des Meeres durchfeuchtet, vom abscheulichsten Erbrechen geplagt. Der Morgen kam, aber keine Besserung; endlich tönte der erfreuliche Ruf: Syra! Rasselnd senkte sich der Anker in den Grund und neues Leben kehrte in mich zurück. Langsam kroch ich aus dem mit Kieselsteinen gepolsterten Schiffsraum herauf, des herrlichen Anblicks zu genießen. Rings schloß uns Land ein. Vor uns in weitem Halbbogen Syra, hinter uns ganz nahe die Leuchtthurminsel mit dem neuerbauten Fanar gekrönt, etwas weiter die Kanincheninsel, in blauer Ferne Andros, Tinos, Delos, Naros, Paros sichtbar. Die Stadt Syra gewährt einen imposanten Anblick; pyramidenförmig in 2 Säulen lehnt sich die neue Stadt der Chioten, zwischen weißen Häuschen dunkles Cypressengrün und üppiges Weinlaub zeigend, an die Berge und schließt eine dritte Bergpyramide, die alte Stadt Syra, von einem Castell gekrönt, ein. Windmühlen, an allen erhabenen Punkten in großer Anzahl aufgestellt, erhöhen durch ihre raschen Bewegungen die Lebendigkeit der Scene.

Dinstag, 4. August. Nach 6tägigem Aufenthalte in Syra hatte sich endlich Gelegenheit nach Smyrna gefunden. Eine englische Handelsbrigg, dem Kaufmann Wilson in Syra gehörig, sollte Mittwochs unter Segel gehen, um Rosinen und Feigen von der Levante nach England zu bringen und der Kapitän war willens, Passagiere an Bord zu nehmen. Wir schafften demnach unser Gepäck gegen Abend, Dinstags den 4. August, an Bord; 3 Engländer, welche über Konstantinopel nach Persien gehen wollten und große Eile hatten, bewogen nämlich den Kapitän, daß die Reise einen Tag früher angetreten wurde. 4 Uhr war als Einschiffungszeit bestimmt; wir fanden aber bei unserer Ankunft alles noch so in Unordnung und Arbeit, daß wir eine kleine Wasserpartie machten. Es lag so eben im syriotischen Hafen ein Schiff aus Tunis vor Anker, welches 144 Negersclavinnen an Bord hatte, die von dem Dey von Tunis als Geschenk für den Haremsdienst an den Sultan überschickt wurden. Die Negerinnen waren fast alle auf dem Verdeck und wir hatten während des Herumfahrens volle Muße, diese merkwürdigen Geschöpfe zu betrachten. Einzelne saßen halb-, andere fast ganz nackt auf dem

Boot im Schiff, mit messingenen Armbändern, großen Ohrgehängen, Glasperlen- und Korallenhalsketten grotesk aufgeputzt; andere in Lumpen gehüllt, die bei jedem Windstoß, was sie verbergen sollten, entblößten und die Besitzerinnen in fortdauernder Geschäftigkeit erhielten. Alle aber lustig und schäckernd, uns eben so neugierig, wie wir sie, betrachtend und die weißen Zähne entgegenbleckend. Ein erfrischendes Seebad und ein kleiner Spaziergang nahmen die letzten Stunden unsers Aufenthaltes in Syra hinweg. Die englische Brigg hatte unterdessen ihren Platz im innern Hafen verlassen, wurde aber von dem Wachtschiff am Auslaufen dadurch verhindert, daß dasselbe die Uebergabe der Papiere verweigerte, weil Syra in Quarantäne erklärt worden war; unser Schiff brauchte aber natürlich hievon keine Notiz zu nehmen, da es nach einem asiatischen Hafen bestimmt war. Als der Kapitän sah, daß gütliches Zureden vergeblich sei, die eigensinnigen Griechen zur Raison zu bringen, feuerte er, um zu zeigen, daß er bis zum Aeußersten entschlossen wäre, eine Kanone ab, und erhielt hierauf augenblicklich seine Papiere. Gegen 10 Uhr war der Anker gelichtet; ein mäßiger Landwind schwellte die Segel, und rauschend die Wellen theilend, die den Kiel leuchtend umschäumten, flog unser herrliches Fahrzeug über die mondbeglänzte Fläche wie eine langschwingige Seeschwalbe dahin. Die sanften Flageolettöne Erlacher's, der seinem Versprechen gemäß vor der Thüre des romantisch gelegenen Häuschen am Ende des Hafens uns den letzten Scheidegruß brachte, erstarben endlich. Syra wich im Nebel der Nacht zurück und wir suchten die Lagerstätte, die wir aus Decken und Mänteln zwischen Koffern und Ballen auf dem Verdeck uns selbst gebettet hatten.

Mittwoch, 5. August. Wir hatten während der Nacht eine bedeutende Strecke zurückgelegt; der Lauf des Schiffs hatte uns zwischen Tinos und Mikoni hindurchgeführt. Beim Erwachen sahen wir rechts in weiter Ferne Nicaria, das alte Ikaros; zur Linken dämmerte das Gestade von Euböa. Der Wind blieb fortwährend günstig und unsre freundliche, heitere Reisegesellschaft vertrieb sich die Zeit mit Schießen nach aufgehängten oder in das Wasser geworfenen Flaschen, mit Kletterversuchen ꝛc. Später machten wir eine Spielpartie zusammen, und so verflossen uns die Stunden schnell und angenehm dahin. In blauer Ferne tauchte endlich Scio vor uns auf und gegen 2 Uhr waren wir der kleinen Insel Venetico vorbeigesegelt und befanden uns nun in der Straße zwischen Scio und Kleinasten. Mit Entzücken schweiften unsre Blicke von einer Userseite zur andern. Wer 14 Monate in Griechenland zugebracht hat, wo so häufig das Auge durch den Anblick steriler, baumloser, sonnverbrannter, gelbbrauner Ebenen und Höhen beleidigt wird, wo man Stundenweit geht, um des erfreuenden Anblicks des lieblichen Grüns zu genießen, der wird ermessen können, mit welcher Wonne wir diese herrlichen, sanftgerundeten, mit dem schönsten Farbenglanz des Frühlings prangenden Höhen und Thäler betrachteten. Gegen 4 Uhr sahen wir die türkische Stadt Tschesme rechts; im Halbmond am Meere gebaut, erhebt sie sich nur wenig am Berge; bedeutende Festungswerke umgeben sie. Leider versäumte ich den Anblick der Stadt Chios, da ich gerade in der Kajüte war und mich niemand benachrichtigte, daß wir daran wären; doch war nach der Versicherung der Reisegefährten nicht viel zu sehen. Der Abend senkte sich, herrliche Beleuchtung bietend, nieder. Nie in meinem Leben sah ich noch diesen Glanz des Himmels, dieses herrliche Himmelblau des Meeres, den tiefen Purpur der wolkenlosen Abendröthe, das reine dunkle Violet der Landesferne, und ewig unvergeßlich wird mir diese Stunde bleiben! Während zur Linken der Widerschein des Abendroths die Wellen purpurte, glänzten sie zur Rechten im bläulichen Lichte des strahlenden Mondes. Meine Zither in der Hand, stand ich auf dem Verdeck schweigend, staunend, anbetend. Als die Abendröthe verglommen und nur das Mondlicht noch die stille Scene beschaute, sangen wir bald im Chor, bald ich allein, und legten uns nach einigen fröhlichen Stunden gegen 11 Uhr zur Ruhe.

Donnerstag, 6. August. Der Wind war in der Nacht nicht sehr günstig gewesen und wir sahen die Inseln Spalmadori noch ganz nahe hinter uns liegen. Die asiatischen Ufer waren uns näher gerückt und zeigten sich im strahlenden Glanze üppiger Vegetation. Um 10 Uhr waren wir dem Vorgebirg Kara (Karaburun) gegenüber. Abenteuerlich gestaltete Felshörner erheben hoch ihr begrüntes Haupt, an ihrem Fuße kleine Ortschaften, oft nur durch den aufsteigenden Rauch verrathen, da überall Bäume und Gesträuche die Häuser beschatten; dazwischen wieder kleine urbargemachte Strecken, allenthalben reiche Fülle der Natur sichtbar. Da der Wind fortwährend ungünstig war, daß unser Fahrzeug nur wenig und in kurzen Absätzen vorwärts kam, so hatten wir volle Muße, das Gestade zur Rechten genau zu betrachten. Nach einiger Zeit trat fast völlige

Calma ein. Wir unterhielten uns in der Kajüte mit Kartenspiel einige Stunden lang, dazwischen zeichnete ich wieder oder las, und so kam der Abend heran. Recht sehr wünschten wir, Smyrna bald zu erreichen, da das Dampfboot nach Konstantinopel diesen Tag abgehen sollte, und wir mit demselben die schnellste und sicherste Gelegenheit nach dem Ziel unserer Reise zu kommen, hatten. Obgleich die Stunde des gewöhnlichen Abgangs dieses Fahrzeugs schon vorüber war, durften wir doch sicher hoffen, es noch zu treffen, da es uns in die engen Fahrstraße des Meerbusens von Smyrna nothwendig begegnen mußte. Gegen 5 Uhr zeigte sich unsern Blicken die Bucht von Burla, im Hintergrund derselben die Stadt Burla, ungünstiger Beleuchtung wegen kaum erkennbar. Die Kriegsschiffe liegen gewöhnlich hier vor Anker, da das unsichere Fahrwasser und schlechtes Wasser den Hafen von Smyrna weniger bequem machen. Die Abendbeleuchtung war zwar wieder sehr schön, aber doch nicht so herrlich wie die gestrige. Wir waren alle heiter und froh, und ich sang, was ich wußte, sentimal und ordinär, durcheinander. Der Schiffskapitän war in bester Laune, ein frischer Wind hatte sich erhoben und mit hochbusigen Segeln fuhr das Schiff ganz nahe am Land dahin. Das Fort Kandjiak lag vor uns, seine weißen Mauern in das Meer vorstreckend, die türkische Flagge auf hoher Stange in den Lüften flatternd. Ich hörte auf zu singen, meine Aufmerksamkeit auf die anrufenden türkischen Wachen zu richten und bemerkte nun, daß das Schiff stille stand; Steuermann und Kapitän hatten nicht genau Acht gegeben, (als Ursache bezeichnete man mich) und das Schiff war auf den Grund gefahren. Kaum fünfzig Schritte von uns glänzte im Mondlicht der Schaum der Brandung. Es war gegen 8 Uhr. Es wurden nun alle Versuche gemacht, unser Schiff los zu bringen. Die ganze Mannschaft stellte sich auf die eine Seite und lief dann plötzlich auf die andere; umsonst! es stand mauerfest. Siehe! da rauschte plötzlich gewaltiger Wellenschlag, wie ein schwarzer Schwan kam im pfeilschnellen Lauf das Dampfboot hinter dem Vorgebirg hervor, einen schwarzen Wolkenstreif in der Luft, eine schäumende Gluthfurche hinter sich im Meere hinziehend. Unsere Engländer signalisirten mit dem Sprachrohr, keine Antwort — verstärkter Zuruf — endlich Gegenruf. Donnerähnlich rollend ergoß sich ein weißer Wasserdampfschwall aus dem Schlote; die gewaltigen Räder der Maschine stockten, und wie festgezaubert stand der dunkle Meerkoloß. Ein türkisches Boot, von der Festung abgeschickt, brachte unsern muthigen Burgaß hinüber, und nun wurden denn jenerseits alle Anstalten getroffen, uns flott zu machen. Ein starkes Seil wurde vom Vordertheil unsers Schiffs hinüber gezogen; die Räder begannen ihr gewaltiges Spiel; ein Ruck — und schallend riß das dicke Tau. Ein zweites wurde gebunden; während der Zeit umkreiste uns das Dampfschiff, wie ein dunkler Raubvogel die gewisse, zitternde Beute, in mächtigen Bogen. Der Strick war gespannt, aber kaum straff gezogen, zerriß auch dieser zweite. Wir stellten uns nun fast alle auf das Bugspriet; der kühne Burgaß voran, auf schwankender Mastspitze über den Wellen schwebend, und suchten durch angestrengtes Rütteln der Halttäue den großen Mast und mit ihm den Kiel zu erschüttern, während der andere Theil der Mannschaft die Randa heftig bewegte; umsonst — das Schiff stand mauerfest. Nun wurden zwei sehr starke Seile zum Dampfboot gespannt; sie hielten; aber nun stand auch dieses und fruchtlos bedeckten die arbeitenden Räder weit umher die Fläche mit weißem Schaum. Es blieb nichts anderes für unsern Kapitän übrig, als auszuladen, um dadurch das Schiff wieder flott zu machen. Während aller dieser Manövers hatten die Boote des Dampfschiffs unsere Effekten und das Gepäck der englischen Reisegefährten an Bord desselben gebracht. Nach einem herzlichen kurzen Abschied von dem betrübten Kapitän, wurden wir in kurzer, aber gefährlicher Fahrt an das Dampfschiff gebracht und bestiegen, vom Führer desselben freundlich bewillkommt, das gefüllte Verdeck; die Räder rauschten, der Dampf quoll dickwolkig über unserm Haupt und majestätischen Laufes brauste das Meerwunder dahin; bald war das verlassene Schiff unseren Augen entrückt, und die Berge, deren schöne Formen, vom Lichte des Tages vergoldet, uns so entzückt hatten, zeigten sich uns nun im Schimmer silberklarer Mondbeleuchtung nicht weniger herrlich. Nachdem wir in dem eleganten Spiegelsaale Thee genommen und noch einige Stunden auf dem Verdeck unter Gesang und Gespräch zugebracht hatten, legten wir uns auf gutem Lager zur Ruhe.

Ob Beeg schon in Athen oder auf der Reise nach Konstantinopel die nähere Bekanntschaft des berühmten Gelehrten, k. k. Gesandten, Herrn v. Prokesch, gemacht, ist ungewiß. Beeg erwarb sich aber die Freundschaft dieses Mannes und seiner trefflichen Gemahlin in solchem Grade, daß er nach seiner Rückkehr nach Athen eine Einladung des Herrn v. Prokesch, ihn in Smyrna zu besuchen erhielt und derselben freudigst Folge leistete, sobald es thunlich war. Ein Brief aus Burnabat vom 30. August 1836 gibt hievon Nachricht.

Ich erinnere mich, in einem Briefe an Sie erwähnt zu haben, daß demnächst eine Veränderung meiner bisherigen Stellung geschehen dürfte, ohne mich indeß eines Weiteren darüber auszulassen. Die Sache verhält sich so: Fürst Pückler-Muskau, der geistvolle Verfasser der Briefe eines Verstorbenen, Tutti frutti, Semilasso, befand sich, wie Sie vielleicht in Zeitungen gelesen haben, längere Zeit in Athen. Ich wurde genau mit ihm bekannt und genoß das Vergnügen eines näheren Umganges. So kam es denn, daß Fürst Pückler-Muskau mir zuletzt den Vorschlag machte, als Gesellschafter, Sekretär, oder unter welchem Namen ich wollte, mit ihm zu gehen und ihn auf seinen Reisen zu begleiten. Wenn ich anfangs dem Gedanken an ein Annehmen desselben auch gar keinen Raum gab, so konnte ich doch später bei beständiger Wiederholung mich nicht enthalten, die Sache in reifliche Erwägung zu ziehen. Ich entgegnete dem Fürsten, daß ich vom Augenblick des Eintrittes in seine Dienste, auf jede Staatsanstellung in Bayern und Griechenland Verzicht leisten müsse, daß mir dadurch bedeutende Vortheile, — Pension ꝛc. entgingen u. s. f. Jedem dieser Einwürfe begegnete er mit triftigen Argumenten, sicherte mir vollständige Schadloshaltung zu und überließ es ganz mir, die Bedingungen festzustellen, da er, wie er sich schmeichelhaft ausdrückte, mich auf jede Art an sich zu fesseln wünsche. Am Tage seiner Abreise drang er mir das Versprechen ab, ihm die Punkte des Contraktes schriftlich mitzutheilen, und bestimmte den Ort, wohin ich den Brief zu senden habe. Ich habe denn geschrieben und Bedingungen gesetzt, die, wenn auch nicht übertrieben, doch jedenfalls mir so große Vortheile sichern, als je ein Staatsdienst, auf den ich Aussicht haben könnte. Die Antwort liegt vielleicht jetzt in Athen. Fürst Pückler-Muskau hat den Plan, zunächst Kleinasien, Palästina und Arabien zu bereisen, dann so weit als möglich in Aegypten vorzudringen, über Italien nach Muskau zurückzukehren und nach einjähriger Erholung in der Heimath eine Reise nach Nord- und Südamerika zu machen, welche 3 Jahre dauern soll. Eine Reise nach Ostindien und China sollte, wenn Gott Leben und Gesundheit gibt, das Werk krönen. Auf allen diesen Wanderungen soll ich sein Gefährte sein, und Sie werden mir zugeben, daß ein Anerbieten solcher Art, unter selbstgestellten Bedingungen vielen Reiz für einen hungen? (bald 27) Mann hat. Sie können denken, daß ich, um nicht leichtsinnig zu Werke zu gehen, nichts versäumt habe, um sowohl den Charakter des Fürsten, als sein Befähigtsein, die gestellten Bedingungen zu erfüllen, kennen zu lernen, daß ich ferner im Contrakt für jeden möglichen Fall Sorge getragen. — Indeß habe ich das Ganze so eingeleitet, daß ich ohne Schwierigkeiten jeden Augenblick wieder zurücktreten kann; es ist demnach keine Wahrscheinlichkeit weder für Annahme noch Verwerfen des gegebenen Anerbietens da, und den Ausschlag dürften allenfalls einzig und allein politische Constellationen geben. Recht sehr begierig bin ich, Ihr Urtheil über die Sache zu hören. Nur schade, daß ich dasselbe nur auf dem langwierigen Wege der Post erfahren kann, der überdieß — der Himmel weiß, durch welches fatale Hinderniß, — zwischen Athen und Ansbach gesperrt scheint. Sollte dieses Hinderniß durch meine wiederholten dringenden Bitten nicht gesprengt werden, sollte ich noch länger ohne alle Nachricht von Ihnen sein, so bin ich trostlos. Noch muß ich bemerken, daß ich im Falle der Annahme des Engagements, den schriftstellerischen Pflug ziehen und die Buchhandlungen mit neuen Krebsen behelligen würde.

Dieser Brief datirt sich aus Burnabat, einem anmuthigen Orte bei Smyrna. Der österreichische Gesandte, Herr von Prokesch-Osten, bekannt als Reisender in Aegypten und Syrien, berühmt als Schriftsteller, hatte die Güte, mich zu sich einzuladen, und ich benütze die Ferienzeit, dieser Einladung Folge zu leisten. In seiner Gesellschaft machte ich die Reise auf der k. Corvette Veloce über Syra in 7 Tagen, bei ziemlich gutem Wind. Nur schade, daß mir die Zeit meines hiesigen Aufenthalts so karg zugemessen, daß auf das Weilen in paradiesischer Gegend, im Schooß der liebenswürdigsten Familie, das Fegefeuer der Quarantäne folgt. Ich bringe meine Tage sehr angenehm hin. Der Sonne Aufgang findet mich mit meinem treuen Hunde auf der Jagd. Nach dem Frühstück arbeite ich. Ganz in klassische Literatur vertieft, fühle ich mich von dem wunderbaren Geiste, der ihr innewohnt, wandelnd auf dem Schauplatz der gepriesenen Thaten wunderbar erregt. Ich lese Homer, Pausanias, Herodot. Herr v. Prokesch, mit dem zusammen ich zuweilen lese, gibt immer den angenehmsten Commentar. Der langsame Lauf des Schiffes gab uns volle Gelegenheit, all' die merkwürdigen Punkte der Westküste Natoliens genau zu beachten: die Gegend von Ephesus, die hohe Samos, Teos, die Geburtsstadt Anakreons, den rauhen Mimas, wie ihn Homer nennt, die durch einen Damm mit dem festen Lande verbundene Insel im Golfe von Smyrna, worauf die alte Glazomene stand, endlich die Stätte des berühmten Phokäa, und dazwischen ragten in weiter Ferne der blaue Taurus, dann die Spitzen des Ida und Gargarus hervor! welcher Anblick!

In einigen Tagen gedenke ich einen Ausflug nach der Grotte des Homer am Bagus und an den See des Tantalus zu machen. Die Grabstätte Tantals ist nicht sehr weit von Burnabat. In keinem Fall werde ich unterlassen, Ihnen nach meiner Rückkehr Nachricht von meinen weitern Begegnissen zu machen.

Im Jahre 1835 löste sich bekanntlich mit der Thronbesteigung des Königs Otto I. die Regentschaft in Griechenland auf. Da die Lage der dahin berufenen deutschen Beamten mehr und mehr schwierig wurde, forderte Graf Armansperg Beeg auf, mit ihm in die Heimath zurückzukehren und auf seinem Schlosse Egg, bei Regensburg, als sein Privatsekretär und Lehrer seiner Kinder zu bleiben. Dort verlebte Beeg drei glückliche Jahre im Schooße der liebenswürdigen gräflichen Familie, bis sich mit dem Heranwachsen seiner Zöglinge sein Wirkungskreis und die innere Befriedigung verringerte, welche nur das Bewußtsein tüchtiger und erfolgreicher Arbeit gibt. Er vertraute den Wunsch, eine befriedigendere Thätigkeit zu finden, seinem bewährten Freund und Gönner, Herrn v. Prokesch, der mit seiner edlen Gemahlin Beeg wie einen eigenen Sohn liebte und dem Seligen bis in die letzte Zeit seines Lebens treue Freundschaft erwies. Dieser lud ihn zu sich nach Wien; Beeg machte 1839 die Reise dorthin. Es wurden ihm da verschiedene, zum Theil glänzende Anerbietungen gemacht, die ihn aber doch zu weit von seinem eigentlichen Ziele abzuführen drohten und bei denen ihm die Gefahr der Zersplitterung unvermeidlich schien. Er schreibt darüber aus Wien, den 8. Oktober 1839, unter Anderm:

Wien, 8. Oktober 1839.

Ich befinde mich in diesem Augenblicke auf einem Punkte, wo ich über mein künftiges Loos entscheiden soll. Drei Wege bieten sich mir dar; ich möchte keinen derselben betreten, so reizend und lockend auch ein oder der andere ist. Prokesch bietet mir an, ich solle ihn nach Athen begleiten, dort als Commis im Gesandtschaftsbureau eintreten und eine geeignete Anstellung bei Hof mit der Zeit erwirken, was jedenfalls erreichbar wäre. Ferner kommt Fürst Pückler-Muskau in diesen Tagen hier an, bei dem ich augenblicklich als Sekretär und Reisebegleiter eintreten kann. Der dritte und am wenigsten convenable Antrag besteht darin, daß ich einen Freund, der eine Reise nach England macht, dorthin für mehrere Jahre begleite, was ihm besonders wünschenswerth ist, da ich ziemlich englisch spreche. Auf dieses letztere gehe ich natürlich keinen Falles ein. Aber auch mit den zwei andern Auskunftsmitteln bin ich nicht zufrieden; das befriedigt mich nicht, das wird mich ewig unstät, uneins mit mir selbst lassen. Ich will — und Gott ist mein Zeuge, daß dies der aufrichtige Wunsch meines Herzens ist — ich will arbeiten, ich will als Lehrer arbeiten, das ist mein Beruf, das fühle ich, und wenn auch die äußere Belohnung schwach und gering ist, der innere Lohn ist desto größer, und darauf kommt es denn doch am meisten an. Ich habe Viel erlebt und erduldet, ich bin von vielen und großen Täuschungen zurückgekommen, meine Lebensansicht ist ernster geworden, ich hoffe, auch gediegener. Wenn sich nur irgend eine Aussicht zeigt, eine geeignete Lehrerstelle irgendwo zu erhalten, so lasse ich die andern Aussichten fahren und bleibe im Lande und nähre mich redlich. Theuerster Freund, es ist mir unmöglich, die Sehnsucht, den innigen Wunsch auszudrücken, nach Ruhe, nach Entfernung aus diesen kalten Zonen, nach dem stillen, bürgerlichen Genuß eines Famlienglücks. Und ich werde dazu kommen, ich hoffe es sicher, ich habe meine Zuversicht auf den Herrn Herrn gesetzt, der mich nicht verlassen wird, der mich schon wunderlich geführt und immer gütig beschützt und erhalten hat. Sie glauben nicht, welchen großen Trost mir das Lied: Befiehl du deine Wege 2c. schon gegeben. Ich sehne mich darnach, wieder in meine Kirche zu kommen, ich will mich nimmer länger selber verbannen.

Um so bereitwilliger ging er nun auf den Rath seines alten, ihm allerwege mit tiefem Herzensantheil folgenden Freundes ein, sich für ein bestimmtes Fach vorzubereiten. Er schreibt in dieser Beziehung, nach einem beglückenden Wiedersehen in Ansbach, aus München, vom 13. November 1839:

München, 13. November 1839.

Ich bin nun schon mitten im Geschäft. Herr Oberconsistorialrath Faber, der mich sehr freundlich empfing, hat mich bei den Herren, mit denen ich zunächst zu thun habe, empfohlen und zwar mit Nachdruck. Professor Hermann, Referent in den Angelegenheiten der polytechnischen und Gewerbschulen, hat mich in meinem Vorsatz bestätigt; er verhehlte mir zwar das Schwierige meines Schrittes, den prekären Stand der Gewerbschulen ꝛc. nicht, aber er munterte mich doch auf, den betretenen Weg zu verfolgen. Ich solle mich nur tüchtig vorbereiten, ein Examen in Chemie, Physik und Mathematik bestehen zu können, nachher könnte ich eine Prüfung für die übrigen Fächer, Geographie, Geschichte ꝛc. machen und das Weitere würde sich finden. Diesem Rathe des Professor Hermann gemäß ließ ich mich heute bei dem Direktor Pauli, dem Vorstand der polytechnischen Hochschule als Hospitant in Chemie und Physik einschreiben und werde morgen zum ersten Male die Kollegien besuchen. Gott gebe seinen Segen dazu. Ich will nicht ausschweifend im Vertrauen auf mich selbst und in meinen Hoffnungen sein, sondern den Zeitraum meiner Studien auf zwei Jahre festsetzen; in solcher Zeit läßt sich, denke ich, viel lernen, und dann hoffe ich, ein recht tüchtiges Examen zu machen. Das Weitere sei dem Herrn anheimgestellt. — Leider habe ich noch wenig Aussicht, Privatstunden zu erhalten, so daß die Sorge für meine Existenz, die niedrigste und drückendste aller Sorgen, mich beunruhigt, aber auch das wird sich am Ende finden; unser Herr Gott hat mich noch nie verlassen und thut es auch jetzt nicht, und wenn die Noth am größten, ist die Hilfe am nächsten. Das tröstet mich. Ich werde hier so eingezogen als möglich leben und nur die unumgänglich nothwendigen Verbindungen mit der Außenwelt unterhalten. Bin ich nur erst einmal mit Büchern und dergleichen versehen und recht im Zuge drin, dann will ich mich ganz einbauen und, unverrückt mein Ziel im Auge, streben und ringen, es zu erlangen. — Wie ich höre, sollen die Stände bis 20. Januar einberufen werden; bis dorthin ist noch lange Zeit. — Ich sollte am Ende wirklich abergläubig wegen des Freitag werden, da mir fast allemal bei einem Reiseantritt an solchem Tag ein Unfall zustößt; diesmal wäre es bald ein Umfall geworden, denn um Mitternacht wurden zwischen Gunzenhausen und Stopfenheim die Pferde scheu, sprangen über den tiefen Straßengraben hinüber und der Wagen war am Stürzen. Es brach indeß glücklicherweise die Deichsel, so daß er sich wieder aufrichtete; wir mußten aber, nachdem wir lange gearbeitet hatten, den Wagen wieder auf die Straße zu bringen, zu Fuße ¾ Stunden weit nach Stopfenheim gehen, und von Weißenburg an wurden wir auf jeder Station in eine andere Beichaise gepackt, bei welcher Gelegenheit wir jedoch das Vergnügen hatten, in Fahrzeugen zu sitzen, welche wahrscheinlich vor Erfindung der Kutschen als Surrogat gedient hatten.

Da es sich nun fügte, daß Schreiber dieses zur selben Zeit als Landstand nach München berufen ward, und ein enges Zusammenleben beiden Theilen gleich erwünscht schien, wurde ein gemeinsames Quartier erwählt, und schreibt Beeg hierüber unter Anderm:

"Endlich, nach so vielen Stunden der Trübsal, habe ich doch wieder einen Augenblick reiner Freude gehabt. Sie kommen hierher, mit welchem Entzücken werde ich Sie begrüßen" 2c., und später am 1. Januar 1840:

"Ich bin gestern Abend zu Hause gesessen und habe schreibend das alte Jahr geschlossen, das neue begonnen. Es waren mir recht ernste, feierliche Stunden, und mit Muth und innigem Vertrauen auf den Herrn, der Alles wohl macht, dessen Rath wunderbar ist und den er herrlich hinausführt, — gehe ich getrost der Zukunft entgegen. Gott hat bisher geholfen, er verläßt mich auch ferner nicht. Ich bin ruhiger im Gemüthe und habe den festen Vorsatz, ernst und unermüdet die selbst vorgezeichnete Bahn zu verfolgen; für das Uebrige lasse ich Gott sorgen." —

In der Frühlingsstraße, im Hause der Landrichterswittwe Frau v. Rohm, hat Verfasser dieses mit dem theueren Entschlafenen viele der reichsten Stunden seines Lebens hingebracht. An den traulichen Abendunterhaltungen nahmen häufig auch die Abgeordneten Professor Harleß (nachmaliger Oberconsistorial-Präsident) und Baron v. Thon-Dittmar (damals berühmter Sekretär der Kammer der Abgeordneten) Theil, und Alle erfreuten sich gemeinsam an dem immer neuen, strahlenden Hervortreten von Beeg's Talenten, der den Freundeskreis bald durch treffliche Illustrationen zu seinen interessanten Erzählungen und durch seinen köstlichen Humor in Wort und Bild, bald durch poetische Ergüsse und den Gesang altbayerischer Lieder, denen sein ebenso weicher als kräftiger Tenor wahren Zauber verlieh, bald durch sein eminentes mimisches Talent erheiterte und oft wahrhaft entzückte.

Ohne den geringsten Anspruch auf Gelehrsamkeit zu machen, beklagte es Beeg doch oft schmerzlich, daß seine Verhältnisse ihn verhindert hätten, sich gründliche klassische Vorbildung anzueignen. Seine geniale Begabung war aber so groß, daß jeder, nur von Uebelwollenben hervorgehobene Mangel, nicht im Entferntesten fühlbar ward und zwar um so weniger, als sich Beeg auf seinen Reisen ebenso rasch als gründlich mit den lebenden Sprachen vertraut machte und besonders des Englischen vollständig Meister war.

Es schien damals wünschenswerth, daß Beeg ein Zeichen seiner wissenschaftlichen Kenntnisse auch öffentlich gebe. Mit bescheidenem Widerstreben ging er endlich doch auf den Rath der Freunde ein, schrieb in wenigen Tagen eine Abhandlung über arithmethische Verhältnisse, sandte dieselbe an die philosophische Fakultät in Erlangen und erhielt darauf den Titel eines Doctors der Philosophie.

Im Zeitraum von 1840—44 brachte Beeg einige Jahre als Erzieher im Hause des Grafen Rechberg-Rothenlöwen auf dem Familiengute Donzdorf in Würtemberg zu, und erwarb sich auch hier durch seine Leistungen und den, ihm angebornen, Seelenadel in seltenem Grade das Vertrauen und die Liebe dieser hohen Familie, deren weitverzweigte Glieder ihm bis zu seinem Ende in warmer Freundschaft ergeben blieben.

Endlich erwirkte Herr Staatsrath v. Hermann, der mit Andern die Nothwendigkeit erkannte, Beeg's Kraft ein bestimmtes Arbeitsfeld anzuweisen, dessen Anstellung als Lehrer der Gewerbschule zu Fürth, im Jahre 1844.

Mit ganzer Kraft und rastlosem Fleiße suchte nun Beeg, dieser Anstalt, deren Leitung als Rektor ihm alsbald übertragen ward, nützlich zu werden, faßte aber zu gleicher Zeit auch alle Gewerbsverhältnisse Fürth's lebhaft in's Auge und erwarb sich durch einsichtsvollen Rath und entschlossene That die allgemeinste Anerkennung und persönliche Verehrung bei dem Gewerbstand dieser, wegen ihrer Industrie berühmten Stadt, wie die, bisher von Beeg redigirte, in Fürth erscheinende Gewerbzeitung Nr. 1. 1867 das Nähere in ehrendster Weise für den Heimgegangenen darlegt. Hier war es denn auch, wo Beeg auf Grund einer festen Anstellung den längstgehegten Wunsch zu befriedigen und den eigenen Herd zu bauen vermochte.

Seit längerer Zeit schon mit der Familie v. Aufseß bekannt und in ihre Kreise eingeführt, reichte er im Jahre 1850 der ältesten Tochter, Freifräulein Mathilde v. Aufseß, die Hand, und es gestaltete sich um ihn ein reich gesegnetes, glückliches Familienleben.

In jene Zeit fiel Beeg's ehrenvolle Berufung als Mitglied einer technischen Commission zur ersten Industrie-Ausstellung nach London, im Jahre 1851. Dem folgte 1854 die Berufung zur Mitwirkung bei der deutschen Industrie-Ausstellung in München, wo ihm die höchst schwierige Aufgabe wurde, die Plätze an eine große Zahl von Ausstellenden im Einzelnen zu vertheilen. Das Gewerbeblatt aus Würtemberg, Nr. 7, 1867, sagt in dieser Beziehung: „Wer je mit Ausstellungen zu thun hatte, kennt die Schwierigkeiten, das Aufreibende und — man darf wohl auch sagen — Undankbare einer solchen Aufgabe. Beeg löste dieselbe, Hand in Hand mit den fremden Commissären, welche er schnell alle sich zu Freunden erworben hatte, buchstäblich mit Aufopferung aller seiner Kräfte. Glücklich reichten dieselben noch aus, bis das ganze große Werk in seiner Schönheit vollendet war. Aber nun mußte der erschöpfte Mann so zu sagen gewaltsam von demselben entfernt werden, damit ihm die übermäßige Anstrengung nicht bleibenden Schaden bringe, was, wie wir nun vermuthen, dennoch der Fall gewesen ist. Nach ganz kurzer Vacanz erschien er wieder, um sich an den Arbeiten der Preisgerichte zu betheiligen, bei welchen er eines der ausdauerndsten Mitglieder war und der verheerenden Cholera, welche die schöne Unternehmung in so trauriger Weise störte, auf's Muthigste Trotz bot."

Während seines Aufenthaltes in Paris, als bayerischer Commissär bei der Industrie-Ausstellung 1855, schreibt er am 23. Juli an einen Freund, nachdem er vorher von der verantwortungsreichen, schwierigen Aufgabe redet, die er zu lösen habe, deren gründliche Erledigung ihm aber voller Ernst sei:

Montag Abend also war das famose Diner im jardin d'hiver. Ich fuhr in Galla mit Piglheim hin; die Gesellschaft versammelte sich in einem großen Saale, mit Blumen, grünen Gardinen mit goldenen Bienen geschmückt, festlich erleuchtet. Ein eleganter Herr mit Stahlkette und Degen rief die Namen der Eintretenden in den Saal, und da war es mir denn sehr interessant, all' die besternten Größen, darunter die französchen Minister und Generale u. s. w., dann gefeierte Männer der Wissenschaft ankommen zu sehen. Es waren höchst interessante Physiognomien darunter, voll Energie und Intelligenz. Endlich kam auch Prinz Napoleon; er sieht seinem großen Onkel frappant ähnlich, etwas über Mittelgröße, Embonpoint, blaß, höchst ungenirt im Benehmen, wie er denn meistens die eine Hand in der Hosentasche hatte, mit der andern sich das Kinn rieb, gewiß eine nonchalante Haltung. Als sich die großen Rideaux des Hintergrundes öffneten, war ich in der That höchst überrascht; denke Dir eine hohe, quirlaufende Halle, auf das Brillanteste erleuchtet durch

4 symetrisch vertheilte, vielleicht 50' hohe Palmen aus Tausenden von Gasflammen gebildet, viele prächtige Kronleuchter, 9 reichservirte, mit Kandelabern besetzte Tische, und mit dieser Querhalle verbunden eine andere hochgewölbte, die sich, nur matt beleuchtet, in's Unermeßliche zu erstrecken scheint, mit Blumenbosqueten, Strauch- und Baumpartien erfüllt, dazwischen eine Statue hervorschimmernd; es war reizend. Die Gesellschaft nahm ziemlich pêle-mêle Platz, fast 400 Personen. Ich saß nicht weit vom Prinzen, doch an einem andern Tische. Das Diner war an meinem Tische, und wohl überall, nur mittelmäßig, zwar seltene Delicatessen, aber meist kalt, ein wahres Wintergarten-Essen. Servirt wurde schleunigst, in einer Stunde wohl 30—40 Platten. Die Toaste waren vorgeschrieben; man brachte sie, 3 an der Zahl, beim Dessert aus, und damit ja nicht ein Unberufener etwa seinem Enthusiasmus Luft mache, brach man nach dem letzten Worte so rasch von Tisch auf, daß es mir fast komisch vorkam. Ich verstand nichts von den Toasten, höchstens mögen 100 Personen so glücklich gewesen seyn, und von dem Enthusiasmus, dessen die Zeitungen erwähnen, habe ich nichts bemerkt. Des Prinzen Rede las ich gestern im Moniteur, sie macht auf ein monarchisch-constitutionelles Gemüth an einigen Stellen einen sonderbaren Eindruck.

Eben daher schreibt er unterm 6. August: Gestern ging ich in das Industrie-Gebäude, bejeunirte hierauf und wollte mir nun auch einmal ein Vergnügen machen; dies bestand darin, daß ich mich auf den nächsten besten Omnibus obenauf setzte und in die Welt hineinfuhr. Der Wagen durchlief ganz Paris ziemlich genau der Seine entlang, über die Barrière hinaus bis an die Festungslinie; der Wendepunkt war Bercy. Da es von hier nur etwa 1/2 Stunde bis nach Alfort und Charenton war, so promenirte ich zu Fuße an der Seine weiter, freute mich des ländlichen Aussehens der Gegend, schlenderte dann in Alfort herum, ging auf eine Brücke über die Marne, die sich hier mit der Seine vereinigt, und fuhr dann mit einem Omnibus auf den Bastilleplatz zurück. Es ist ein merkwürdiger Contrast zwischen diesen Boulevards und den westlichen; in der Nähe des Bastilleplatzes, rue St. Antoine, Faubourg St. Antoine ꝛc., ist das eigentliche Arbeiterquartier; enge Straßen, schlechte Häuser, schmierige Blousenmänner mit verdrießlichen, kränklichen Gesichtern, roh und gemein aussehend, häßliche

Weiber, krummbeinige, rhachitische Kinder in Hülle und Fülle, und ½ Stunde weiter davon, in der Fortsetzung derselben Straßen, die elegante Welt vor spiegelprangenden, vergoldeten Cafés und glänzenden Kaufläden; es könnte einem ordentlich unheimlich werden, hier wie dort, der Contrast ist zu schreiend. Ich vertiefte mich absichtlich in einige enge Gassen und kam auf die Place du Temple, dem Nürnberger Tröbelmarkt im Pariser Maßstab. Von allen Seiten angerufen, ein paar Hosen oder Stiefel zu kaufen, war ich ganz froh, wieder auf den Boulevard zurückzukommen. Es war jetzt 6 Uhr vorüber, die Zeit, wo die kleinen Theater beginnen, (die großen später) und gerade wo ich herauskam, befinden sich mehrere derselben neben einander. Ich ging in das nächste beste, da ich nur kurze Zeit bleiben wollte; es war das Theater Funambules, nicht viel größer als das Fürther, aber hübscher, voll gestopft mit Blousenmännern und Weibern, die in den Zwischenakten einen schauerlichen Lärm machten, sich aber höchst docile von einer Frau in die Plätze einweisen ließen, was mir wahrhaft Spaß machte. Vom ersten Stücke sah ich nur den Schluß und verstand wenig davon; dann kam aber eine Pantomime, die mit des unübertrefflichen Pierrot wegen ganz ungemeinen Spaß machte; heute hörte ich, daß derselbe sehr berühmt wegen seines Spieles sei; es reute mich nicht, hineingegangen zu sein, doch ging ich nach Schluß dieses Stückes heraus; es kamen noch mehrere andere.

Montag abends ging ich mit 2 jungen Fürthern, von denen der eine seit 9 Jahren hier ist, vor die Barriere Montparnasse, um das Treiben der Arbeiter zu sehen; es hat mich — ungeachtet der weiten Entfernung — nicht gereut, den Gang gemacht zu haben; Lärmen, Musik in allen Orten, Tanz auf festgeschlagenem Thonboden in Gärten, hie und da ein Berauschter, Glückspiele aller Art — ein buntes Babylon.

Vom 13. November schreibt er von daher: Keine Beschreibung kann ein wirkliches Bild von dem erhabenen Anblick hervorrufen, den gestern das Haus darbot. Denke Dir ein ungeheures Amphitheater, überragt von Gallerien, die in Logen mit rothem Sammet, von Goldschnüren und Franzen besetzt, abgetheilt sind; der untere Bodenraum mit Teppichen bedeckt; dem Amphitheater gegenüber eine lange, hohe Estrade, zu beiden Seiten mit Hundertten von Sammetsitzen; in der Mitte der hohe Thron, rother Sammet goldbesetzt; am Fuß des Amphitheaters eine schmale Estrade, auf welche die mit den Goldmedaillen belohnten

Industrieerzeugnisse geschmackvoll gruppirt, prächtig geschmückt, aufgestellt waren. An den Wänden, zu den Seiten des Thrones, die trefflichsten Gemälde der Ausstellung der Beaux-Arts; überall Blumen, Guirlanden, Inschriften, Standarten und Fahnen, und in diesem unvergleichlichen Raum ein glänzender Hof mit aller Pracht, die möglich ist, entfaltet; der Senat, die Gerichtshöfe, die Geistlichkeit, alles, was Frankreich „Kriegerisches," Reiches und Schönes besitzt. Dazu die Repräsentanten vieler Nationen in reichster Tracht und eine Zuschauermenge, im Festgewand, von mindestens 25—30000 Menschen; es war bezaubernd für Auge und Ohr; denn auch das Rufen der begeisterten Menge und die rauschende Musik von einem halben Tausend Musikern und Sängern trugen ihren Theil bei, den Eindruck zu erhöhen. Ich empfing den Kaiser mit den andern fremden Commissären am Portal, präsidirte dann auf meinem Platze vor Bayern, der freilich sehr weit vom Throne entfernt war, hatte aber dann Gelegenheit, alles in nächster Nähe zu sehen, da ich die große goldene Medaille aus der Hand des Kaisers für einen bayerischen Aussteller, Herrn Böhm in München, in Empfang nahm. Ich bin doch eigentlich glücklich organisirt, daß ich bei dergleichen gerade so kalt und gleichmüthig bleibe, als wäre ich in meiner Schulstube. Wenn ich heim komme, will ich alles recht ausführlich erzählen, laßt mir nur keine Ruhe, wenn ich etwa faul sein wollte. Was der Kaiser gesprochen hat, leset Ihr in den Zeitungen. Ich konnte von meinem Platze wenig verstehen, obwohl er mit wahrer Stentorstimme intonirte. Die Kaiserin sah sehr leidend aus; sie trug ein Scharlachkleid, das ganz mit Spitzen überdeckt war. Das Fest ist in jeder Hinsicht gelungen; der Tag war herrlich und der Sonnenstrahl warf ein eigenthümliches, schattenloses Licht unter das angelaufene Glasdach. Ich hatte 72 Billete zu vergeben, von denen ich 20 dem Gesandten schickte, die übrigen an Aussteller, Repräsentanten ꝛc. vertheilte; man hat für solche Billets bis zu 200 Franken bezahlt; Jemand, der von mir zwei hatte, verkaufte sie für 80 Franken!

Unter dem 30. November 1855 schreibt Beeg Folgendes: Bis etwa 12. December hoffe ich, hier, fertig zu sein. Zur Heimreise brauche ich aber wohl 6 Tage, da ich mich in Straßburg aufzuhalten und nach Augsburg und München zu gehen habe. Wie froh will ich sein, wenn ich wieder bei den Meinigen bin.

Erzählen kann ich im Ganzen nur wenig; es geht alles den gewohnten Weg. In dem Gebäude der Beaux-Arts bin ich bereits mit Packen fertig; sämmtliche Künstlerkisten sind zum Versenden bereit und gehen vielleicht heute noch ab. Im Industriepallast sind auch schon tüchtige Löcher sichtbar und der Haufe von gefüllten Kisten wächst täglich. Zu schreiben gibt es genug dabei; Kimmel leistet höchst ersprießliche Dienste, ich wüßte mir kaum zu helfen ohne ihn. Das einzige Bemerkenswerthe, woran ich Theil genommen, ist das Fest im Hôtel de Ville, welches die Stadt Paris dem hier anwesenden König von Sardinien gegeben hat und wovon Du wahrscheinlich schon in den Zeitungen gelesen hast. Man sieht am besten bei solchen Gelegenheiten, welchen erfinderischen, feinen Geschmack im Arrangiren der Franzose besitzt. Der Hof war wunderbar feenhaft; denke Dir einen quadratischen, großen Raum von 3 stöckigen Häusern gebildet, der durch ein glockenförmiges Dach von Seidenstoff in einen ungeheuren Saal verwandelt ist. Von der Mitte dieser Kuppel hängt ein ungeheurer Lüstre mit Tausenden von Wachsflammen herab. Die Fenster der 3 Stockwerke sind in eben so viele Logen verwandelt, mit rothen Sammetvorhängen und Gasflammen; hoch oben läuft ringsum eine schmale Gallerie, von blühenden Pflanzen gebildet und von unsichtbaren Lichtern von innen heraus erleuchtet. In der Mitte dieses Raumes erhebt sich eine kühn gewundene Doppeltreppe, die zum zweiten Stockwerk führt, zu beiden Seiten mit Blumen garnirt ist und zauberisch leicht und schön aussieht. Unter der Treppe gießt ein Springbrunnen reiche Wasserströme über mehrere Absätze; denke Dir zu diesem Allen reiche Teppiche auf dem Fußboden, Blumen überall, wehende Fahnen und reiche Trophäen, ein Meer von Licht in geschliffenen Glaskugeln, von Lüstren strahlend, und Du hast eine schwache Idee von dieser Herrlichkeit. Der König von Sardinien blieb erstaunt stehen und konnte seine Ueberraschung nicht verbergen. Und alles das ist nicht etwa permanent, sondern speciell für diesen Abend arrangirt, das nächste Mal ist alles wieder anders; für gewöhnlich ist es ein einfacher feuchter Hofraum. Und wie prächtig nahmen sich die Fefträume aus mit ihrem glänzenden Lichtschmuck. Es waren etwa 10,000 Menschen da; hie und da entstand zwar etwas Gedränge, im Ganzen aber konnte man sich ziemlich frei bewegen. Auch die Personen boten vieles Interesse; reiche Uniformen, Leute aller Nationen, splendide Toiletten, aber wenig — wenig schöne Frauen.

Im Jahr 1862 als bayerischer Commissär bei der Industrie-Ausstellung in London, schreibt er unterm 4. Mai:

Das war eine Woche, die mir unvergeßlich sein wird; wollte ich Dir alles erzählen, was ich erlebt und gesehen habe, so müßte ich ein ganzes Buch schreiben. Wie Du weißt, war ich auf Montag, den 28. April, zum Banquet des Lord-Mayor geladen, wo die fremden Commissäre und die Ausstellungs-Commission dem Herzog von Cambridge begegnen sollten. Ich fuhr mit einigen Collegen in einem Stadtwagen zum Mansion-house, wo ein dichter Schwarm von Polizeidienern die Ordnung aufrecht erhielt. Durch einen zeltüberspannten Corridor trat man in eine von oben erleuchtete Halle, in deren Mitte der Lord-Mayor stand; ein altes freundliches Männlein, mit einem apfelrothen, gutmüthigen Gesicht; die Tracht: ein reicher verbrämter Talar von schwarzem Sammet, mit schweren Goldketten und Kleinodien behangen. Ihm zur Seite links der Sword-bearer, mit großer, brauner Zobelpelzmütze, ein Schwert in der Hand; rechts der Maze-bearer, ein Mann mit großer Perücke, die Maze, eine Art Scepter oder Keule mit großer Krone oben auf, in beiden Händen haltend. Das sah schon eigenthümlich genug aus. Jeder Eintretende wurde durch einen Ceremonienmeister vor den Lord-Mayor geführt und mit lauter Stimme der Name ausgerufen. Da ich ziemlich frühe gekommen war, so hatte ich das Vergnügen, alle die illustren Persönlichkeiten, deren Namen wir aus den Zeitungen kennen, von Angesicht zu sehen. Nachdem sich etwa 300 Personen versammelt hatten, begab man sich in den anstoßenden Banquetsaal, wo jedes Gastes Platz mit Namen bezeichnet war. Ein Geistlicher sprach ein Tischgebet, dann setzte man sich; doch war der Platz so enge beschränkt, daß man kaum zu essen vermochte. Die Schildkrötensuppe ausgenommen und etwa auch die Kibitzeneier, fand ich am Diner wie an Weinen nichts Absonderliches; den Speisezettel wirst Du seiner Zeit sehen, ich habe ihn mitgenommen. Als wir aber bis zum Dessert gelangt waren, da hob allerlei Merkwürdiges an. Unter den Bedienten und Stallleuten, die in eigenthümlicher Tracht und gepudert oder in Perücken hinter dem Lord-Mayor standen, befand sich auch ein Herr in schwarzer Tracht, der Toast-master. Dieser erhob seine Stentorstimme, las ein Verzeichniß aller Gäste ab mit dem Schlußsatz: „alle diese heißt der Lord-Mayor an seinem Tische willkommen und trinkt ihr Wohl aus dem freundlichen Liebesbecher!" (the friendly loving-cup). Darauf ging an jedem Tische der loving-cup herum, ein großer schwerer Goldpokal, gefüllt mit Würzwein (spiced wine), das Gewürz schwamm oben auf und blieb mir im Schnurrbart hängen. Man nahm den Becher vom Nachbar, erhob sich gegen den Nachbar links, der gleichfalls aufstand und den Deckel abnahm. Darauf trank man unter Verbeugung, wischte den Becherrand und gab den Pokal weiter. Dann folgten die üblichen Toaste auf die Königin, die königliche Familie, die Armee, die Marine, die Volontärs u. s. w. in der Weise, daß jedesmal der Toastmaster zuerst ausrief: Mylords and Gentlemen, please, charge your glasses! Nach einer Pause dann: Mylords and Gentlemen, please silence to the Lord-Mayor! hear! hear! Darauf erhob sich das freundliche Männlein, hielt eine Rede, die mit dem Toaste schloß und irgend eine bestimmte Persönlichkeit einschloß. Ein Pochen mit den Händen oder auch ein Hurrah (hurää) war das Zeichen der Beistimmung seitens der Versammlung. Nach kurzer Pause erhob sich dann der Betheiligte und dankte in längerer Rede für die widerfahrene Ehre. So hörte ich denn den Herzog v. Cambridge, den türkischen Gesandten (als Senior der Diplomatie), den Earl of Granville, den Erzbischof von London, den Lordkanzler, den Schatzkanzler Gladstone, Mr. d'Israeli und andere berühmte Männer sprechen. Gegen 11 Uhr brach ein Theil der Gesellschaft auf, und ich wollte ebenfalls gehen; da aber wieder ein Toast des Lord-Mayor angekündigt war, blieb ich stehen, um diesen noch zu hören. Der alte Herr trank das Wohl der Foreign Commissioners mit dem Schlußsatze, that he should be very happy, if this toast would be acknowleged, was natürlich eine Aufforderung zur Erwiederung war. Unser Commissionspräsident, Herr Geheimrath Höne war schon gegangen, ein anderer Commissär (Franzose, Spanier 2c,) nahm das Wort nicht, und da nothwendig geantwortet werden mußte, so trat ich vor, und hielt eine kurze Erwiederungsrede; es war freilich nicht viel daran, denn die Sache kam mir zu überraschend, indessen war doch der Form Genüge gethan und das war die Hauptsache. Freilich fiel mir nachher Allerlei ein, was ich hätte sagen können, aber nun war es zu spät. Von den abenteuerlichen Costümen der Bürgermeister aus den verschiedenen englischen Städten, der Aldermen, der Rechtsgelehrten 2c., von der altmodischen Hoftracht mit Haarbeutel am Rockkragen, von den reichen Uniformen 2c. könnte ich Dir manches Interessante erzählen, muß es aber auf mündlichen Bericht versparen.

Unterm 25. Mai 1862 sagt er: Damit Du aber siehst, wie es mit den Einladungen steht, so gebe ich Dir die nächsten vor und nach heute: Donnerstag war ich bei Thomas Baring, der die besten Diners in London gibt, was ich sattsam erfahren habe, denn feinere Speisen (Schildkrötensuppe, Ortolanen, Kibitzeneier 2c.) und bessere Weine meine ich nie genossen zu haben. Freitag bei Sir Wentworth Dilke. Für Morgen, Montag, bin ich von Professors of University-College zu einer Abendgesellschaft geladen, zugleich aber auch von Lord Taunton zum Diner; ich nehme letzteres an; Dinstag bei dem Präsidenten Hawkshaw, zur Conversazione, wird nicht angenommen; Mittwoch bei Beresford Hope, Diner, angenommen; Donnerstag Ball zur Unterstützung des deutschen Hospitals hier, Billet 1 Guinee, muß ich Ehren halber nehmen, werde aber vermuthlich nicht hingehen. Samstag, Earl Granville, zu was, weiß ich nicht, muß gehen. Außerdem liegen noch Karten vor mir schon bis in den Juni, z. B. zu Lady Goldsmith (Jenny Lind), Ball bei dem Lord-Mayor u. s. w. Du siehst, daß ich hier ein recht aufregendes und aufreibendes Leben führen könnte; ich halte mich aber ferne von allem, wo ich nicht aus ein oder der anderen Rücksicht Theil nehmen muß. Das Angenehmste bei allen diesen Dingen sind die interessanten Bekanntschaften, die man macht. Gestern war ein meeting of the council of chairmen, d. i. der Jurypräsidenten; da ist mir recht das Gefühl gekommen, daß meine gegenwärtige Aufgabe und Stellung eine hohe Ehre für mich ist. Da sind die berühmtesten Namen aus England, Frankreich und dem Continente bei einander, und mit diesen kann ich auf gleichem Fuße verhandeln. Ich glaube, Ehrgeiz ist mein geringster Fehler, aber die mit der gegenwärtigen Stelle verbundene Ehre läßt mich doch nicht unempfindlich. Mit meinen Juryarbeiten werde ich im Laufe dieser Woche hoffentlich zu Ende kommen. So bald ich kann, gehe ich dann zur Erholung für einige Tage fort von hier, wahrscheinlich nach Swansea in South Wales, um Mr. Thomas zu besuchen, und mache von dort aus eine Tour in den Bergwerksdistrikten.

Unterm 12. Juli heißt es: Daß ich als Commissär für die vortheilhafte Beurtheilung meiner Aussteller bei den Juries nicht müßig gewesen bin, davon geben die gestern bekannt gewordenen Auszeichnungen wohl das beste Zeugniß. Ich habe 147 Aussteller im Katalog; hievon sind 25 nicht gekommen; bleiben 122; dafür sind 8 neue nachträglich eingetreten; macht 130. Hievon sind 2 nicht zur Beurtheilung gekommen, der eine als Juror, der andere als verspätet; demnach 128 Aussteller vor der Jury. Für diese habe ich 63 Medaillen und 27 honorable mentions; nun hat man mir aber 4 Medaillen und 11—12 honorable mentions irrthümlich nicht in die Awardlist gesetzt, so daß ich es, wenn alles bereinigt ist, auf 67 Medaillen und 38—39 honorable mentions, im Ganzen also auf 105—106 Auszeichnungen für 128 Aussteller bringen werde, ein Verhältniß, welches sich wohl in keinem Lande günstiger gestalten dürfte. Ich habe gestern augenblicklich nach der Preisveröffentlichung das Verzeichniß mit Bericht nach München abgeschickt und genau 100 Briefe an alle die Aussteller, welche Preise erhalten haben. — Ich wollte, Du hättest Zeuge der gestrigen Feierlichkeit sein können; sie war großartig; anfangs kam mir die Geschichte windig und lächerlich vor; während des Vorganges aber gewann sie einen so imponirenden Eindruck, daß ich mich gehoben und stolz fühlte, Theilnehmer zu sein. Die Jury versammelte sich um 12 Uhr in einem Gange des Gebäudes; die 36 Klassen, jede mit einem Sapeur voran, welcher eine blauseidene Standarte mit der goldenen Klassennummer trug, setzten sich als Prozession in Bewegung; ich marschirte hinter meiner Klassenflagge (30), zur Rechten Mr. Dusommerard, dem französischen Direktor des Musée Clugny in Paris, in reichgestickter Uniform, links Sir Beresford Hope, im Hofkleid mit Haarbeutel, hinter mir meine Jurycollegen, welche noch anwesend waren. In der Hand trug ich das schön gebundene Preisebuch. So marschirten wir, eine Musikbande voran, durch die Gänge, die auf beiden Seiten mit Damen besetzt waren, denen man die vordere Reihe eingeräumt hatte, hinaus in den prächtigen horticultural garden. Da war ein Springbrunnen, von einer sehr hohen Tribüne überbaut; auf dieser stand ein Thron unter einem hohen prachtvollen Baldachin, und vor diesem hatte sich eine illustre Gesellschaft aufgestellt; der Herzog von Cambridge, der Vicekönig von Aegypten, die englischen Minister (Palmerston, J. Russel, d'Israeli ꝛc.), das diplomatische Corps und wer weiß, wer noch alles. — Wir stiegen nun nach einander die hohen Stufen hinan und jeder Chairman überreichte für seine Klasse dem Earl of Granville das Preisebuch. So auch ich. Dann setzte sich, nachdem dies vorüber war, die Gesellschaft auf der Tribüne in Bewegung, zog an uns vorüber, um sich an unsere Spitze zu stellen, und nun bewegte sich der Zug unter dem Beifallsruf der großen Zuschauermenge in das Gebäude zurück. Dort standen nun die Landescommissäre in ihren Abtheilungen, und jeder empfing dann aus der Hand des Herzogs von Cambridge oder eines speciell hiezu ernannten Commissärs seines Landes das Preisebuch. Ich drückte mich zu rechter Zeit vom Zuge ab, eilte auf dem nächsten Weg nach der Zollvereinsabtheilung und stellte mich dort neben den preußischen Commissär, um in meiner Haupteigenschaft zu fungiren. Mir überbrachte der bayerische Gesandte, Herr v. Cetto, das Buch. Dann wartete ich, bis im Zuge meine Juryklasse herbeikam, und machte die Prozession durch die Damengassen gar mit, in den Garten hinaus zur Tribüne, wo sich der Zug auflöste. Das Gebäude war prächtig geschmückt und zahlreiche Musikbanden spielten aller Orten. Unter letzteren waren die Musiken der Garde-Gensdarmerie und der Zuaven aus Paris, der Guiden aus Brüssel, die arabische Musikbande des Vicekönigs von Aegypten, ein dänisches Marine-Musikcorps, die Coldstream-guards und andere mehr. Oefters ein Heidenlärm. Nachmittags hörte ich die Aegypter, welche im Gebäude spielten; niederträchtig barbarisches Gepraffel, wild und melancholisch. Du siehst, daß der arme Schulmeister aus Fürth allerlei erlebt und manches Großartige aktiv mitmacht.

Unterm 7. September 1862 schreibt er: Daß mir je London heimisch vorkommen würde, wäre mir nicht im Traume eingefallen, und doch ist es so. Seit ich Dir zuletzt schrieb, habe ich weite Wege gemacht, habe viel gesehen, viel ausgegeben und war gestern abend herzlich froh, wieder mein Londoner Quartier betreten zu können. Ich glaube, Dir gesagt zu haben, daß ich nach Birmingham, Scheffield ꝛc. gehen wolle. Montag abends ging ich ab; Fabrikant Fikentscher von Regensburg, sein Sohn und noch ein junger Mann, der Sohn des Erzgießereidirektors v. Miller in München, gingen mit mir. Wir machten die 128 englischen Meilen nach Birmingham in nicht ganz 3 Stunden, das mag Dir eine Idee von der ungeheuren, erschreckenden Schnelligkeit geben; fast 17 Stunden Wegs per 1 Stunde, womit solch ein englischer Expreß-Train fährt. Dinstags sahen wir Elkington's electro-plate works, Messingfabriken, die Stadt; Mittwochs Stahlfederfabriken und Anderes, und fuhren nachmittags nach Wolverhampton, blos um die Gegend zu sehen. Man heißt sie die „black-country", und wohl mit Recht. Da ist, soweit das Auge reicht, viele Meilen weit weder Garten noch Acker zu sehen; hie und da ein verdorrter Baum und entlaubte Hecken sind das einzige Zeichen, daß die Natur noch etwas Leben hat. Dafür ist der Boden nach allen Richtungen durchwühlt, überall Haufen von Erdschutt, Schlacken, Steinkohlenasche; dazwischen Bergwerkschachte und Grubenlöcher, denn der ganze Grund ist unterminirt, wo man einschlägt, liegt Steinkohle; und in diesem grausenhaften Wirrwarr erheben sich zahllose Schlöte von Eisenwerken aller Art, Hochöfen, Pubblingsöfen, Eisen-, Stahl- und Blechhämmer, Walzwerke u. s. w.; überall Kanäle und Eisenbahnen dazwischen, Lärm in der Luft, eine erstickende Rauchatmosphäre, kurz, ein höllisches Ensemble. Ich kehrte absichtlich erst nach eingebrochener Dunkelheit nach Birmingham zurück, um zu sehen, wie die Gegend nach allen Seiten hin von Tausenden von Gluthflammen aus den Hochöfen illuminirt sich ausnimmt. Dämonisch schön und das ist nicht etwa ein kleiner Fleck, sondern wir fuhren 13 Meilen durch diese teuflische Scenerie. Donnerstag nachmittags ging ich nach Smethwick, Glaswerke zu sehen, und fuhr abends nach Sheffield, 87 Meilen von Birmingham entfernt. Da sah es ebenfalls wie in der black-country aus; ich konnte keinen Ueberblick der Stat gewinnen, obwohl ich eine Höhe bestieg, wo man ihn haben muß wenn es der Rauch gestattet; Rauch, überall Rauch; Schornsteine s zahlreich wie die Bäume des Waldes, tiefer Schmutz in den schwarze Straßen, Schmutz und Lumpen an Kindern und Erwachsenen, Schmu in den Wohnungen, das ist ein wenig erfreuliches Bild; doch bi ich froh, dies alles gesehen zu haben, meine Kenntniß von Englan ist wesentlich bereichert. Ich besuchte verschiedene Fabriken und reist gestern abends auf anderer Route, 186 Meilen hieher zurück. Gottlob daß ich wieder da bin; das Fabrikensehen habe ich jetzt ziemlich satt

Ob dem Seligen gleich die hervorragende Stellung, welche er bei den erwähnten Ausstellungen einnahm, manchfache Ehren, hohe Orden und Auszeichnung in jeder Weise brachte, so litt doch unter der gewaltigen Anstrengung, die mit diesen Aemtern verknüpft war, seine Gesundheit in bedenklicher Weise. Schon vor mehreren Jahren fing Beeg zu kränkeln an. Ein Herzleiden bereitete ihm viele peinliche, ja angstvolle Stunden, und die damit verbundenen Erscheinungen erregten seinen, ihm in die Ewigkeit vorausgegangenen Hausfreund und Arzt, Dr. Goetz in Fürth, schon vor Jahren schwere Besorgnisse.

Um so erwünschter kam im Jahre 1864 seine Berufung als Gewerbs-Commissär der Stadt Nürnberg (kgl. Gewerbs-Commissär wurde er schon im Jahre 1858) unter vortheilhaften und ehrenvollen Anerbietungen.

Dieses neue Feld der Thätigkeit nahm Beeg's körperliche Kraft in geringerem Maße in Anspruch, als es seine vielseitigen Geschäfte als Rektor und Lehrer in Fürth mit sich brachten. Es war eine Freude, den trefflichen Mann in behaglichen Verhältnissen und Umgebungen mit solcher Lust und Liebe seinen Wirkungskreis ausfüllen zu sehen, wie er denn jeder neuen Anforderung im Leben die ganze Thatkraft und Theilnahme zuzuwenden pflegte und nur in strenger, aufopfernder Pflichterfüllung volle Befriedigung fand. —

Sein Leiden wurde, trotz der eingetretenen Erleichterung, immer bedenklicher. Zum letzten Male brachte er zur Erholung einige Zeit bei seinem alten, väterlichen Freund in Oberferrieden zu und war, wenn ihn sein peinigendes Uebel nicht drückte, heiter, geistreich und lebendig, wie immer, doch erregte sein Zustand die äußerste Besorgniß für das theure Leben.

Eine letzte Auszeichnung wurde ihm durch die Aufmerksamkeit, welche Se. Majestät der König bei Seinem jüngsten Aufenthalte in Nürnberg ihm schenkte, und durch die Aufforderung der kaiserl. französischen Regierung, als Preisrichter für die Weltausstellung von 1867 nach Paris zu kommen. Er gedachte, auch diesen hohen Auftrag noch auszuführen. Im Rathe des heiligen Lenkers unserer Geschicke war es aber anders beschlossen. Es war am 26. Januar d. J., als Beeg nach gewohnter Amtsthätigkeit mit dem Gefühle ungewöhnlichen Wohlbefindens zum Abendtisch nach Hause kehrte, mitten im heitern Gespräch mit den Seinigen begriffen, sich sogar noch die geliebte, langentbehrte Cigarre herbeiholen ließ und sie scherzend als die „letzte" seines Vorraths bezeichnete, als er beim Entzünden derselben plötzlich in sich zusammensank und in zwei tiefen röchelnden Athemzügen in den Armen seiner treuen Lebensgefährtin die edle Seele aushauchte. Die in namenloser Bestürzung herbeigerufenen Aerzte erklärten, daß plötzlich Wasser in das Gehirn getreten sei.

Am 29. Januar wurde der Entschlafene von einer, durch gemeinsame Trauer beseelten, unabsehbaren Menge aus allen Ständen Nürnberg's und der Umgebung, besonders Fürth's, zu seiner letzten Ruhestätte auf St. Rochus geleitet.

Geschrieben im März 1867.